2026 사순절 묵상집

내게 주신 사람들

일러두기

1. 이 책에 수록된 성경 본문은 개역개정을 기본으로 삼되, 제목과 본문 일부에서는 저자의 의도에 따라 새한글성경을 병용하였습니다.

2. 교부 인용은 『교부들의 성경주해: 요한복음서』(분도출판사, 2013)를 따르며, 독자의 이해를 돕기 위해 일부 표현을 소폭 조정하였습니다. 핵심 의미는 원전에 따릅니다.

2026 사순절 묵상집

내게 주신 사람들

(사)한국YWCA연합회 · 한국YMCA전국연맹 · 기독교방송 · 대한기독교서회

대한기독교서회

사순절 묵상으로의 초대

우리는 지금 '핵(核)개인'—관계가 벗겨진 개인—의 시대를 걷고 있습니다. 혼밥과 혼행, 심지어 혼자 드리는 예배(온라인 예배)까지 낯설지 않습니다. 편리와 자유가 그늘을 드리우는 사이, 깊고 무거운 고독이 자라났습니다. 외로움은 더 이상 한 사람의 감상이 아닙니다. 신앙과 사회의 토대를 흔드는 전염병이 되었습니다. 세계 곳곳에서 고독사가 늘고, 어떤 나라들은 아예 '고독부'까지 세웠습니다. 우리는 풍요를 움켜쥐는 동안 가족과 친구, 이웃의 손을 조금씩 놓아버렸습니다. 공동체는 눈에 보이지 않는 금이 가기 시작하더니 마침내 무너져내리고 말았습니다. 이것이 오늘 우리가 직면한 현실입니다.

그러나 성경은 우리를 결코 홀로 두지 않습니다. 십자가를 앞두고 주님이 제자들을 아버지께서 "내게 주신 사람들"(요 17:6)이라 부르셨듯, 하나님은 언제나 우리를 관계의 품으로 초대하십니다. 머지않아 흩어질 이들이요, 때로 넘어질 이들이었으나, 주님은 그들을 끝까지 사랑하셨습니다. 바로 그 끝까지의 사랑이 사순절의 복음입니다—홀로 선 우리를 다시 서로에게, 그리고 하나님께로 돌려보내는 은혜입니다.

사순절은 어쩌면 데이비드 브룩스가 말한 '첫 번째 산'에서 '두 번째 산'으로 건너가는 길목일지 모릅니다. 성취·체면·소유를 좇는 첫 번째 산은 결국 더 큰 공허와 고립을 남기지만, 소명·헌신·함께 있음의 풍성함을 향한 두 번째 산에서는 자아가 부풀지 않고 인격이 빚어집니다. 골방에서 무릎으로 일어서는 거룩한 고독, 공동체 안에서 서로 기대어 서는 온전한 만남－이 두 개의 호흡이 바로 사순절의 숨결입니다.

대한기독교서회가 해마다 내는 사순절 묵상집은 이 부르심을 다시 새기게 하는 귀한 길입니다. 올해의 주제는 "내게 주신 사람들!" 가족일 수도, 교회공동체일 수도, 때로는 불편하고 무거운 관계일 수도 있습니다. 그러나 그 모든 얼굴이야말로 주께서 우리에게 맡기신 선물이요, 우리의 신앙이 실제로 빚어지는 자리입니다. 사랑은 추상명사가 아닙니다. 이름을 불러줄 때 사랑은 비로소 형태를 얻습니다.

외로움이 전염병처럼 번지는 오늘, 이 묵상집이 당신을 다시 사람들 곁으로 이끄는 작은 손짓이 되기를 바랍니다. 주께서 맡기신 이들을 끝까지 사랑하려는 결단 속에서, 우리도 끝까지 사랑하시는 주님의 얼굴을 더 깊이 마주하게 되기를 소망합니다. 이번 사순절의 여정이 "내게 주신 사람들"을 품는 은혜의 시간이 되기를, 혼자가 아니라 함께 걸으며 믿음이 단단해지는 길이 되기를 기도합니다.

송용원

차 례

나는 아닙니다

또 묻되 그러면 누구냐 네가 엘리야냐 이르되 나는 아니라 또 묻되 네가 그 선지자냐 대답하되 아니라
• 요한복음 1:21

세상은 쉼 없이 다그칩니다. "당신은 누구인가?" 우리는 그 추궁에 답하려고 스스로를 몰아세우며, 무엇이 되고자 악착같이 쌓아 올립니다. 타인의 부러움을 사는 전문성, 시선을 사로잡는 매력과 인기—이러한 것들이 차곡차곡 쌓일수록 내가 더 존엄해질 것이라 믿지요. 그러나 "나는 누구인가?"라는 물음 앞에 홀로 서는 순간, 겉은 옻칠한 듯 그럴듯하지만 속은 빈 마루처럼 쓸쓸하다는 것을 비로소 알게 됩니다.

세례 요한은 그 물음 앞에 또렷이 섭니다. "아닙니다. 아닙니다. 나는 아닙니다."(οὐκ εἰμί) 이 연이은 부정은 비겁한 후퇴가 아니라 믿음의 한가운데에서 울려 나온 고백입니다. "나는 빛도 아니고, 생명도 아니고, 메시아도 아닙니다." 그는 '대단한 누군가'가 되려는 욕망을 내려놓고 '말씀'을 가리키는 자리로 한 걸음 물러섭니다. 사순절은 바로 여기서 시작됩니다. '나는 아니다'라는 고백이 비워낸 자리 위로 말씀이 빛처럼 스며듭니다.

요한은 자신을 이렇게 소개합니다. "나는 광야에서 외치는 자의 소리입니다." 소리는 형체가 없고, 들리는 순간 스러집니다. 그러나 바로 그 사라짐 속에서 길이 열리고 '말씀'이 우리에게 다가옵니다. 아우구스티누스의 표현처럼 "그리스도가 말씀이시고 요한은 소리"입니다. 말씀이 우리에게 오시도록 소리가 먼저 울린 것입니

다. 소리는 자기 자리를 지키려 울리지 않습니다. 오히려 자리를 비워 '말씀'을 모시려 울립니다. 이것이 요한의 소명이자, 사순절이 우리에게 가르쳐주는 길입니다. 말씀을 가리키고 말씀께로 이끄는 '소리'로 사는 법입니다.

19세기 말 조선에도 그런 '소리'가 있었습니다. 테네시대학교 의과대학을 수석으로 졸업한 스물여섯 살 무렵의 존 헤론은 보장된 자리를 등지고 조선을 택했습니다. 전염병이 번져 모두가 물러설 때 그는 병자들 한가운데로 들어갔습니다. 밤낮없이 돌보다 끝내 병들어 조용히 세상을 떠났지만, 그의 생애는 소리로 남아 길을 열었습니다. 그 울림 덕에 '예수'라는 이름이 두려움의 표지가 아니라 사랑의 증언으로 이 땅에 전해지게 되었습니다. 여기서 대(大) 그레고리우스의 통찰이 빛을 더합니다. "참된 믿음과 선행을 설교하는 이가 곧 듣는 이들의 마음에 오실 주님의 길을 예비한다. 그가 여는 길에 은총의 힘이 스며들고 진리의 빛이 들어온다." 헤론의 선행과 희생이야말로 가장 울림 있는 설교, 사람들의 마음속에 주님을 모시는 '소리'였습니다.

결국 사순절의 영성은 이 한 구절에 응축됩니다. "그는 흥하여야 하겠고 나는 쇠하여야 하리라."(요 3:30) 십자가 앞에서 '무엇이 되고 싶어 하던 나'를 내려놓고 이렇게 고백합시다. "나는 아닙니다. 나는 다만 말씀 앞에 길을 여는 소리일 뿐입니다."

PRAYER 주님, 드러나려는 마음을 거두고 말씀을 가리키는 소리로 살게 하소서. 요한과 헤론처럼 저는 사라지고 주님께로 가는 길은 더욱 또렷해지게 하소서. 오직 말씀만 빛나게 하소서. 예수님의 이름으로 기도합니다. 아멘.

어떻게 저를 아십니까

나다나엘이 이르되 어떻게 나를 아시나이까 예수께서 대답하여 이르시되 빌립이 너를 부르기 전에 네가 무화과나무 아래에 있을 때에 보았노라 • 요한복음 1:48

나다나엘은 정직한 사람이었습니다. 나사렛 출신이라는 이유만으로 예수님을 의심했고, 자기 기준의 문턱에서 쉽게 물러서지 않았습니다. 그러나 주님은 이미 그를 보고 계셨습니다. 눈에 보이는 겉모습이 아니라, '무화과나무 아래'(ὑπὸ τὴν συκῆν)에서 올려드렸던 그의 기도와 한숨, 말 없는 갈망의 결까지 꿰뚫어보셨습니다.

그 순간 나다나엘은 무너집니다. "어떻게 저를 아십니까?" 단순한 놀람이 아니라, 속마음이 읽혔다는 전율입니다. 사람은 겉모양과 조건을 보지만, 주님은 눈물 섞인 기도와 소리 없는 그리움을 보십니다. 그분의 시선이 닿을 때 굳어 있던 기준은 풀리고, 내면은 오래 숨겨둔 이름이 불릴 때처럼 조용히 열립니다.

저에게도 '무화과나무 아래'의 시간이 있었습니다. 대학 시절, 폐결핵으로 고향에 내려가 요양하는 동안, 친구들은 세상으로 나아가 꿈을 펼쳤고, 저는 바닷가를 거닐며 바람 앞에 절망을 토해냈습니다. 바람은 칼날 같았고 햇살은 따가웠습니다. 그러나 이제 돌이켜 보면, 그 고통의 자리가 곧 저의 '무화과나무 아래'였습니다. 그곳에서 하나님은 제 눈물을 보셨고, 아무도 알지 못하던 깊은 곳에서 저를 만나주셨습니다.

무화과나무 아래는 때때로 실패와 상실, 좌절의 자리가 될 수 있습니다. 그러나 그 자리에서 올린 작은 기도는 하늘을 여는 문이 됩니다. 우리의 연약함과 눈물은 주님의 손에 들려 새롭게 빚어질 재료가 됩니다. 주님은 말씀하십니다. "네가 무화과나무 아래에 있을 때에 보았노라." 아우구스티누스의 통찰을 따라 말하면, 이는 우리가 죄의 그늘 아래 있을 때에도 주님이 이미 우리를 보고 계시며, 알고 계신다는 뜻입니다. 그러니 그 그늘은 버림의 징표가 아니라, 불러내심의 시작입니다.

사순절은 이러한 은총을 되새기는 계절입니다. 무화과나무 아래 드러난 우리의 고통과 기도는 십자가와 부활로 이어지는 길이 됩니다. 브엘세바에서 하란으로 향하던 길 위에서 야곱이 하늘이 열리는 사다리를 보았듯(창 28장), 나다나엘이 부르심을 듣고 제자가 되었듯, 우리도 저마다의 자리에서 주님의 임재를 경험합니다. 야곱이 이스라엘이 되고 나다나엘이 제자가 되었듯, 우리 또한 그 은총 안에서 새로워집니다.

사순절은 도망이 아니라 귀환의 계절입니다. 각자 자신의 '무화과나무 아래'로 돌아가, 말하지 못한 사연과 눈물의 기도를 주님께 아뢰어 올립시다. 그 자리에서 이미 우리를 보고 계신 주님이 말씀하십니다. "내가 너를 보았다." 이 사순절, 우리의 '무화과나무 아래'가 하늘 문이 열리는 '벧엘'(하나님의 집)이 되기를 바랍니다. 그래서 실패와 눈물이 은총과 영광의 시작이 되고, 낮아진 그 자리에서 주님이 우리를 새 이름으로 불러주시기를 기도합니다.

PRAYER 주님, 제 무화과나무 아래를 보아주시니 감사합니다. 감춰둔 아픔과 실패를 오늘 주님 앞에 올려드립니다. 그늘 아래 있을 때에도 저를 바라보시는 주님, 제 삶을 새롭게 빚어주소서. 사순절의 길에서 주님을 다시 만나 더 큰 일을 보게 하소서. 예수님의 이름으로 기도합니다. 아멘.

좋은 포도주를 아직까지 간직해두었군요!

말하되 사람마다 먼저 좋은 포도주를 내고 취한 후에 낮은 것을 내거늘 그대는 지금까지 좋은 포도주를 두었도다 하니라 • 요한복음 2:10

제자들을 부르신 지 사흘째 되던 날, 예수님은 가나의 혼인잔치에 가셨습니다. 나사렛 이웃 마을의 소박한 잔치, 가족과 이웃이 함께 웃고 노래하는 자리였습니다. 그런데 문득 포도주가 바닥났습니다. 웃음과 노랫소리는 계속되었지만, 기쁨의 심지는 더는 타오르지 못했습니다. 절정이 서서히 꺼져가는 순간이 찾아왔습니다.

우리 삶도 그렇습니다. 넘치던 기쁨이 어느 날 바닥을 드러냅니다. 사랑이라 믿던 관계는 식어가고, 의지하던 건강은 흔들리며, 붙들던 명예와 인정은 손가락 사이로 모래가 흩어지듯 흘러내립니다. 그때 우리는 빈 항아리처럼 서 있습니다. 형체만 남고 속은 빈 채 주님을 기다리는 사람처럼 말입니다. 그 자리에서 마리아는 그저 한마디를 건넵니다. "아들아, 포도주가 동이 났구나." 꾸밈도 숨김도 없는, 마치 신뢰의 기도 같은 한마디입니다. 그러나 주님의 응답은 차갑게 들릴 만큼 낯섭니다. "여자여, 그것이 나와 무슨 상관이 있나이까. 내 때가 아직 이르지 아니하였나이다." 간절한 기도가 외면당한 듯 고요만 길어지는, 우리에게도 낯익은 순간입니다.

그러나 이 말씀은 거절이 아니라 '때'를 향한 시선입니다. 아직 열리지 않은 구속의 시간, 곧 십자가와 부활로 완성될 하나님의 도정(道程)을 가리킵니다. 이 긴장 속에서 은혜의 문이 살며시 열려 갑니다. 바로 그 '아직'의 시간에 주님이 일하십니다. 유대인의 정결

예식에 쓰이던 여섯 개의 돌항아리—가장 평범하고 무심히 지나치기 쉬운 그 항아리에 담긴 물이 가장 좋은 포도주로 변합니다. 아우구스티누스의 말처럼 "아무런 맛이 없던 것이 맛을 내게 되었고, 취하게 하지 못하던 것이 취하게 만들었습니다." 주님은 모자람을 겨우 메우시는 분이 아닙니다. 고갈의 자리에서 새 기쁨을 창조하시는 분입니다. 세상의 기쁨이 다 떨어진 그 자리에, 하나님이 감추어두셨던 참된 기쁨이 마침내 드러납니다.

사순절은 새 잔치로 들어가는 문턱입니다. 세상의 잔치가 끝난 듯 보일 때, 주님이 마련하신 잔치는 비로소 열립니다. 우리의 빈 항아리 같은 삶에 주님이 말씀하십니다. "지금까지 좋은 포도주(τὸν καλὸν οἶνον)를 두었도다." 아직 다 맛보지 못한 기쁨, 십자가 너머에 준비된 영원한 생명입니다.

어느 시인의 말처럼, 사람의 잔치는 끝나고 나면 계산과 정리만 남고 사람들은 저마다 신발을 찾아 흩어집니다. 그러나 사순절의 믿음은 고백합니다. 잔치는 끝난 것이 아니라, 주님이 오시는 바로 그 순간에 비로소 시작된다는 사실을. 십자가의 어둠이 잔치의 끝처럼 보였으나, 부활의 새벽은 '지금까지 두신 가장 좋은 포도주'가 흘러넘치는 때였습니다. 그분의 잔치는 마르지 않고, 마침내 우리를 살리는 기쁨이 됩니다.

PRAYER 주님, 제 인생의 포도주가 이미 다한 줄 알았습니다. 빈 항아리에 물을 채워 가장 좋은 포도주로 바꾸신 주님, 제 삶도 새롭게 빚어주소서. 끝난 듯 보이던 날들을 주님 안에서 다시 열어주시고, 주님이 주시는 새 포도주로 제 삶의 잔을 가득 채워주소서. 예수님의 이름으로 기도합니다. 아멘.

주님의 집을 향한 뜨거운 마음

제자들이 성경 말씀에 주의 전을 사모하는 열심이 나를 삼키리라 한 것을 기억하더라
• 요한복음 2:17

유월절이 이르자 예루살렘 성전은 사방에서 모여든 사람들로 들끓고 있었습니다. 본래 성전은 하나님의 영광을 향한 기도의 집, 눈물과 소망이 쏟아지는 거룩의 중심이어야 했습니다. 그러나 주님의 눈에 비친 성전은 그렇지 못했습니다. 제단 주변에는 짐승들의 울음이 뒤엉켰고, 뜰에는 환전상들의 돈 세는 소리가 메아리쳤습니다. 성전은 기도의 집에서 장사꾼들의 거래소로 변해 있었습니다.

그 순간 예수님은 노끈으로 채찍을 엮어 양과 소를 몰아내시고, 상을 뒤엎으셨습니다. 그러나 그 채찍은 사람을 해치는 무기가 아니었습니다. 오리게네스가 해석하듯 악을 몰아내시는 성령의 힘과 작용을 상징하는 것이었습니다. 주님은 비둘기를 파는 이들에게도 "이것을 여기서 가져가라." 하시며, 사람을 겨누기보다 그들의 장사를 겨누셨습니다. 그분의 분노는 사람을 겨냥한 것이 아니라, 성전을 더럽히는 탐욕과 위선을 향한 사랑의 분노였습니다. 그 광경을 지켜보던 제자들은 시편의 말씀(시 69:9)을 떠올렸습니다. "주의 전을 사모하는 열심이 나를 삼키리라."

예수님의 열심(ὁ ζῆλος)은 단순한 애착이 아니었습니다. '삼키리라'는 말 그대로, 자신을 태워 삼키는 열정이었습니다. 그러므로 성전을 깨끗하게 하신 일은 단지 공간을 정돈하신 사건이 아니라, 하나님의 임재와 거룩을 회복하신 사건이었습니다.

"너희가 하나님의 성전인 것과 하나님의 성령이 너희 안에 계시는 것을 알지 못하느냐"(고전 3:16)라는 사도 바울의 말처럼 성전은 더 이상 돌로 쌓은 건물이 아닙니다. 주님이 거하시는 성전은 우리 마음의 지향과 몸의 행실, 곧 우리 삶 전체입니다.

그러나 우리의 성전은 종종 거래의 장이 되고 맙니다. 하나님께 드려야 할 시간을 손익계산으로 바꾸고, 예배의 마음을 인정과 욕망의 장부로 채웁니다. 그러할 때 주님은 우리 안에서도 채찍을 드십니다. 심판의 채찍이 아니라 사랑의 채찍, 무너뜨려 새로 세우시는 회복의 손길입니다.

성전에서 상이 엎어질 때 우리는 당황합니다. 그러나 그 무너짐은 끝이 아니라 은혜의 시작일 수 있습니다. 삶이 무너졌다고 느껴지는 바로 그 순간, 주님은 어쩌면 우리 안의 성전을 정결케 하시는 중인지도 모릅니다. 돌로 지은 성전이 아니라, '사흘 만에' 다시 세워질 예수님의 몸 된 성전을 주님은 가리키셨습니다. 십자가와 부활로 완성된 참 성전입니다. 그분을 따르는 우리 또한 정화의 채찍 같은 은혜를 통과하여 뒤집히고 비워진 자리에서 거룩한 성전으로 다시 세워져야 합니다.

사순절은 정화의 길을 걷는 여정입니다. 주님은 오늘도 말씀하십니다. "내 집은 기도하는 집이라." 그분의 열심이 우리를 사로잡을 때, 뒤엉킨 욕망은 물러가고 비워진 자리에서 하나님의 영광이 다시 밝게 빛날 것입니다.

PRAYER 주님, 제 삶이 성전임을 잊지 않게 하소서. 욕망의 장터가 되지 않게 하시고, 기도의 집이 되게 하소서. 주님의 열심이 제 마음을 사로잡아 참 성전이신 당신의 형상이 제 안에 새겨지게 하소서. 예수님의 이름으로 기도합니다. 아멘.

함께 드리는 사순절 기도문 1

고난의 길 위에서 정의와 평화를 선택하게 하소서

(사)한국YWCA연합회 회장 **조은영**

생명이신 주님, 이 사순절에 우리를 부르시는 주님 앞에 섭니다. 예수 그리스도께서 이 땅에서 상처 입은 이들과 함께 숨 쉬시고, 억눌린 이들의 고통을 외면하지 않으셨음을 기억합니다. 십자가를 향해 나아가시며 침묵과 조롱, 폭력과 배제를 온몸으로 감당하신 그 고난의 길 앞에서 우리의 삶과 선택을 다시 돌아보게 됩니다.

주님, 기후 위기의 시대를 살아가는 우리는 이 고통이 결코 중립적이지 않음을 깨닫습니다. 무너지는 생태계와 반복되는 재난은 모두에게 같은 무게로 다가오지 않고 가난한 이들, 돌봄의 책임을 지닌 이들, 그리고 여성들의 삶을 더 깊이 흔들고 있습니다. 그들은 가장 먼저 고통을 마주하면서도 가장 늦게 보호받아 왔습니다.

"너 사람아, 무엇이 착한 일인지를 주님께서 이미 말씀하셨다. 주께서 너에게 요구하시는 것이 무엇인지도 이미 말씀하셨다. 오로지 공의를 실천하며 인자를 사랑하며 겸손히 네 하나님과 함께 행하는 것이 아니냐!"(미 6:8, 새번역)

이제 하나님과 함께 행하고자 십자가의 고난을 통과하신 예수 그리스도를 바라보며 회개의 자리에 섭니다. 편리함을 위해 고통을 외면했고, 성장을 이유로 파괴를 묵인했으며, 불평등한 구조 앞에서 침묵으로 머물렀던 우리의 선택을 참회합니다.

주님, 우리의 굳어진 마음을 깨뜨리시고 고난의 현실을 피하지 않고 함께 짊어질 수 있는 용기를 주십시오. 예수님이 보여주신 길은 힘으로 지배하는 길이 아니라 사랑으로 자신을 내어주는 길이었음을 믿습니다. 그 고난의 사랑 안에서 우리가 지배가 아닌 돌봄을, 착취가 아닌 책임을 선택하게 해주십시오. 성평등한 기후 정의를 위해 행동하는 여성들의 경험과 지혜가 주변부의 외침이 아니라 변화의 중심이 되도록 도와주십시오. 보이지 않던 노동과 들리지 않던 목소리가 정의로운 전환의 기준이 되게 해주십시오.

십자가의 고난이 가르쳐준 평화를 잊지 않게 하시고, 기후 위기를 둘러싼 두려움이 혐오와 배제가 아니라 연대와 희생의 결단으로 이어지게 해주십시오. 이 사순절의 기도가 말에 머물지 않고 삶으로 이어지게 하시고, 성평등한 기후 정의의 길 위에서 우리를 평화를 만들어 가는 사람으로 사용해주십시오.

십자가의 고난을 지나 생명과 평화를 여신 예수 그리스도의 이름으로 기도합니다. 아멘.

땅의 일, 하늘의 일

내가 땅의 일을 말하여도 너희가 믿지 아니하거든 하물며 하늘의 일을 말하면 어떻게 믿겠느냐
• 요한복음 3:12

사람은 누구나 한 번쯤 무너집니다. 시험에서 미끄러지고, 사랑이 깨지고, 삶의 터전이 흔들릴 때 우리는 묻습니다. "다시 시작할 수 있을까?" 어떤 이는 실패를 끝이라 여겨 절망 속에 갇히고, 어떤 이는 다시 일어섰다고 고백하면서도 여전히 자기 안에 근거를 세우려 합니다. 더 큰 성공, 더 화려한 자리, 더 안전한 삶. 그러나 그 길은 곧 또 다른 감옥이 됩니다. 때로는 실패의 쇠창살보다 성공의 금빛 감옥이 영혼을 더 무겁게 옭아맵니다.

니고데모도 어쩌면 그랬습니다. 바리새인 가운데에서도 이름난 지도자요, 지성과 권위와 명성을 갖춘 사람이었습니다. 낮에는 흠잡을 데 없는 지도자였으나, 밤이 오자 그는 어둠을 헤치고 예수님께로 나아갑니다. 낮의 빛 아래 감춰두었던 목마름이 밤의 고요 속에서 마침내 드러난 것입니다.

주님은 단호히 말씀하십니다. "사람이 거듭나지 아니하면 하나님의 나라를 볼 수 없느니라." 지식도, 도덕도, 종교적 열심도 충분하지 않습니다. 성령으로 다시 태어날 때라야 비로소 가능합니다. 주님은 바람을 비유로 드십니다. 보이지는 않지만 흔적을 남기는 것-나뭇잎을 흔들고 창을 두드리고 살갗을 스치는 움직임. 자유롭고 예측할 수 없지만, 부인할 수 없는 현존입니다. "성령으로 난 사람은 다 이러하니라." 거듭남은 인간의 결심이 아니라 하나님의

바람이 불어와 시작되는 새 생명입니다. 오래된 공기를 몰아내고, 보이지 않는 방향으로 삶을 열어젖히는 은혜의 바람입니다.

그러나 니고데모는 또다시 묻습니다. "어찌 이런 일이 있을 수 있습니까?" 이 질문은 오늘 우리의 물음이기도 합니다. "무너진 인생이 어떻게 다시 살아날 수 있는가? 절망이 어떻게 소망으로 바뀔 수 있는가?"

주님은 답하십니다. "내가 땅의 일을 말하여도 너희가 믿지 아니하거든 하물며 하늘의 일을 말하면 어떻게 믿겠느냐." 여기서 '땅의 일'(τὰ ἐπίγεια)은 우리가 삶의 자리에서 가까이 경험하는 변화, 곧 성령의 바람이 불어와 새 생명의 흔적이 드러나는 일을 가리킵니다. 반면 '하늘의 일'(τὰ ἐπουράνια)은 오직 하나님이 여시는 신비, 곧 십자가의 '들려 올려지심'과 부활로 완성되는 구속의 사건을 가리킵니다. 키릴루스는 이렇게 덧붙입니다. "작은 일을 받아들이지 못하는 이들이 어떻게 더 큰 일을 맡을 수 있겠는가?" 땅에서 배우는 신뢰 없이 하늘의 신비는 품어지지 않습니다. 작은 순종을 통과한 마음만이 더 큰 은총을 맞이할 수 있습니다.

사순절은 이 은혜를 다시 새기는 시간입니다. 바닥에서든 정상에서든 우리를 살리는 길은 십자가를 바라보는 일입니다. 성령은 우리를 깨우시고 새롭게 하시며, 하늘의 영광으로 이끄십니다. 땅의 일을 통하여 하늘을 배우는 것, 이것이 신앙의 신비이자 사순절의 은총입니다.

PRAYER 주님, 실패의 감옥과 성공의 감옥에서 저를 건지소서. 성령의 바람으로 저를 새롭게 하시고, 십자가를 바라보는 믿음을 주소서. 땅이 흔들릴 때에도 하늘의 영광을 보게 하소서. 예수님의 이름으로 기도합니다. 아멘.

저에게 이 물을 주세요

여자가 이르되 주여 그런 물을 내게 주사 목마르지도 않고 또 여기 물 길으러 오지도 않게 하옵소서 • 요한복음 4:15

사순절은 우리의 갈증을 정면으로 마주하는 시간입니다. 세상의 포도주가 떨어지고 인생의 잔이 바닥나 무엇으로도 목마름이 가시지 않는 실존의 자리를 정직하게 바라보는 때입니다. 바로 그 지점에서 사마리아 여인의 이야기가 우리를 불러 세웁니다. 그녀는 정오, 가장 뜨거운 시간에 우물로 향했습니다. 사람들의 시선을 피해 홀로 물동이를 이고 걷는 길은 가장 깊은 고독과 수치의 시간이었습니다. 그런데 바로 그때 그곳에 주님이 이미 와 기다리고 계셨습니다. "사마리아로 통행하여야 하겠는지라."라는 말씀은 그저 지리적 선택이 아니라, 한 영혼을 향한 신적 필연(divine necessity)이자, 목마른 이를 찾아오시는 사랑의 절박함이었습니다.

지쳐 우물가에 앉으신 주님이 말씀하십니다. "물을 좀 달라." 그 청하심은 단순한 부탁이 아니었습니다. 십자가를 향한 길 위에서 드러난 하나님의 목마름이었습니다. 인간의 갈증은 세상의 것으로 채워지지 않지만, 하나님의 갈증은 오직 인간을 향한 사랑으로만 드러납니다. 십자가 위에서 "내가 목마르다"(요 19:28) 하신 그 주님, 그 목마름은 잃어버린 우리를 찾으시는 하나님의 뜨거운 갈망이었습니다.

예레미야의 고발처럼 우리가 '생수의 근원'을 버리고 스스로 판 웅덩이는 새 물을 담지 못한 채 금세 썩고 터집니다. 주님은 '또 다른 웅덩이'를 더하라 하지 않으십니다. 그저 영원히 마르지 않는 샘을 우리에게 약속하십니다. "영생하도록 솟아나는 샘"(spring of water, πηγὴ ὕδατος) 말입니다. 그 샘은 십자가에서 흘러내린 피와 눈물, 곧 사랑의 심연에서 솟아납니다. 우리가 웅덩이를 내려놓을 때 심령의 바닥에서 샘이 터집니다. 어제의 물이 아니라, 오늘도 새롭게 솟는 영원으로 흐르는 생명수가 솟아납니다.

사마리아 여인은 자신의 목마름을 '야곱의 우물'의 한계에서 찾았습니다. 그러나 주님은 우물의 깊이가 아니라 하나님의 마음 깊이에서 솟아나 영원히 흘러나오는 '살아 있는 물'(living water, ὕδωρ ζῶν)을 주려 하십니다. 오리게네스가 말하듯 우리의 갈증은 '만족을 주지 못하는 사상'이 모자라서가 아니라 '영원한 생명을 주는 진리'를 아직 찾지 못했기 때문입니다. 사순절은 내 웅덩이를 뒤로하고 주님의 샘으로 돌이키는 회심의 여정, 갈증의 바닥에서 영원의 근원으로 방향을 바꾸는 길을 보여줍니다.

정오의 태양이 정수리에 떠 그림자가 사라지는 때, 숨을 곳이 없는 바로 그 순간이 오히려 하나님이 가장 가까이 찾아오시는 시간입니다. 십자가의 그늘 아래에서 주님의 눈물이 내 눈물을 씻어 주십니다. 주님은 지금도 말씀하십니다. "내게 물을 달라. 네 마음을 달라." 주님이 찾으시는 것은 다른 무엇이 아니라, 금쪽같은 한 영혼입니다.

PRAYER "주님, 성령의 은총인 이 물은 참으로 신선합니다. 누가 이 샘을 내 가슴에 주셔서 내 안에서 솟아오르게 하실까요? 영원한 생명을 주는 샘물이 나를 타고 흐르고, 우리를 타고 멀리멀리 나아가게 하소서. 내가 어찌 이 샘물이 흘러나감을 막을 수 있겠습니까?"(암브로시우스) 예수님의 이름으로 기도합니다. 아멘.

02/25
7일

가세요, 그대 아들은 삽니다

예수께서 이르시되 가라 네 아들이 살아 있다 하시니 그 사람이 예수께서 하신 말씀을 믿고 가더니 내려가는 길에서 종들이 오다가 만나서 아이가 살아 있다 하거늘

• 요한복음 4:50-51

오래전 미국 동부의 한 항구에서 태풍이 몰아치던 밤, 남편을 기다리던 아내들은 "풍랑을 잠잠케 하옵소서."라고 기도했지만 바람은 오히려 더 거세졌고, 급기야 오두막에 불까지 났습니다. 그런데 그 불빛이 밤바다를 떠도는 배들에게 뜻밖의 등대가 되어, 남편들은 무사히 귀환할 수 있었습니다. 기도는 우리가 바라던 방식으로는 응답되지 않아도, 더 깊은 뜻으로는 응답됩니다.

요한복음은 믿음의 지형을 세 갈래로 펼쳐 보여줍니다. 나사렛 사람들처럼 '안다'고 하면서도 스쳐 지나가는 피상(皮相)의 신앙, 가나 사람들처럼 기적이 있어야만 고개를 끄덕이는 표적(表蹟)의 신앙, 그리고 가버나움 왕의 신하(왕실 관리)처럼 절박함 속에서 표적의 강을 건너 말씀 위에 서는 신앙입니다. 아들이 죽음의 문턱에 닿자 그는 80리 길을 헤쳐 갈릴리 가나에 이르러 간청합니다. "주님, 제 아들이 죽기 전에 내려와 주십시오." 그러나 주님은 내려가시지도, 손을 얹어 만져주시지도 않습니다. 오직 한마디, "가라(πορεύου). 네 아들이 살아 있다." 성경은 기록합니다. "그 사람이 예수께서 하신 말씀을 믿고 가더니."

키릴루스는 이 대목을 이렇게 밝힙니다. "그는 참으로 무엇이 필요한지 다 이해하지 못했으나, 주님의 말씀을 믿고 떠나갔고, 그

믿음을 주님이 도우셨다." 보는 것에서 시작된 믿음이 이해보다 앞선 신뢰로 자라납니다. 표적을 구하던 발걸음이 이제 말씀을 품고 돌아가는 순종의 행군이 됩니다.

믿음은 내 방식이 꺾일 때 자라납니다. 우리가 바라는 답은 "지금 당장 내려가겠다."이지만, 주님이 주시는 말씀은 단 하나, "가라."입니다. 멀어지는 듯한 말씀이 오히려 지름길이 됩니다. 길 위에서 종들이 달려와 외칩니다. "살았습니다!" 그제야 그는 시간을 확인합니다. 말씀하신 바로 그때였습니다. 말씀이 믿음의 길을 열었고, 표적은 뒤따르며 그 길을 확증했습니다.

사순절은 건너감을 배우는 때입니다. 기적을 보아야만 믿는 자리에서, 말씀 하나만 의지하며 걷는 자리로! 눈앞의 빵만 내려다보던 시선에서, 눈을 들어 희어진 밭을 바라보는 시선으로! 오늘 우리도 이렇게 기도할까요? "주여, 말씀만 하옵소서. 그 말씀을 믿고 가겠나이다." 그러면 우리 앞에 놓인 밤바다에도 뜻밖의 불빛이 켜질지 모릅니다.

사순절의 길은 그날의 80리 길을 다시 걷는 순례입니다. 오늘 우리의 80리는 병상의 깊은 밤일 수도, 끊어진 재정이나 흔들린 관계일 수도, 자녀와 일터의 막막함일 수도 있습니다. 그러나 주님은 여전히 부르십니다. "길을 나서라." 눈물범벅이 되더라도 그 말씀을 믿고 걷는 길이야말로 하나님께 가장 가까운 길입니다.

PRAYER 주님, 표적을 구하던 마음에서 말씀 하나를 붙드는 믿음으로 건너가게 하소서. 오시지 않아도 말씀으로 살리시는 주님을 신뢰하며, 더딘 응답 속에서도 "말씀만 하옵소서." 고백하며 걷게 하소서. 손은 비어도 마음에는 약속을 품게 하시고, 오늘의 걸음이 가정과 공동체를 살리는 순종의 길이 되게 하소서. 예수님의 이름으로 기도합니다. 아멘.

이 사람이 누워 있는 것을 보시고서

예수께서 이르시되 일어나 네 자리를 들고 걸어가라 하시니 그 사람이 곧 나아서 자리를 들고 걸어가니라 이 날은 안식일이니 • 요한복음 5:8-9

유대인의 명절에 주님은 성안의 화려한 자리를 지나 양문(羊門) 곁 베데스다 못으로 발걸음을 옮기셨습니다. 그곳에는 병자들이 누워 물결만 바라보고 있었습니다. 물이 한 번 일렁이면 먼저 들어가는 자가 낫는다는 전설이 있으나 그것도 먼저 들어갈 힘이 있는 자만 들어갈 수 있었습니다. 이것이 베데스다의 딜레마인 동시에 우리의 역설입니다. 치유가 필요할수록 더 앞설 힘이 없고, 도움이 절실할수록 더 깊이 고립됩니다.

그곳에 서른여덟 해를 누워 지낸 병자가 있었습니다. 젊은 날엔 내일이 있었으나, 세월은 그의 관절을 돌처럼 굳게 하고 마음을 거적처럼 메마르게 했습니다. "베데스다 못이 동했다."라는 소문이 돌 때마다 그는 무궁화놀이 구호에 맞춰 몸을 움찔하듯 움직여 보았을 것입니다. 물이 출렁일 때 먼저 닿아야 한다는 규칙, 살기 위해 서로를 밀쳐내야 하는 일종의 '오징어게임' 같은 경쟁이었습니다. 그러나 결말은 언제나 같았습니다. 힘 있는 자는 먼저 살아남고, 약한 자는 더 늦게, 더 깊이 쓰러졌습니다. 바로 그곳, 은혜가 가장 필요하지만 가장 멀게 느껴지는 자리로 주님이 오십니다.

"네가 낫고자 하느냐?" 그러나 병자는 여전히 규칙만 되뇝니다. "저를 못에 넣어줄 사람이 없습니다." 주님은 그 규칙에 따라 주지 않으셨습니다. 아예 게임을 끝내셨습니다. "일어나 네 자리

(κράβαττος, 거적/들것)를 들고 걸어가라." 그 한마디가 은혜가 되었습니다. 말씀이 관절과 골수를 찌르듯 스며들자 돌처럼 굳어 있던 그의 몸에 다시 생기가 돌았습니다. 거적은 더 이상 그를 붙잡는 굴레가 아니었습니다. 이제는 그가 들것을 들고 걷게 되었습니다.

사순절은 이 놀라운 전환을 배우는 계절입니다. 물이 동하기만을 기다리며 남을 앞질러야 했던 삶에서, 말씀 하나 붙들고 일어나 걷는 삶으로. 성밖 연못에서 성안의 문으로-주님은 말씀하십니다. "나는 양의 문이라." 그분으로 말미암아 들어가며 나오며 꼴을 얻게 됩니다.(요 10:7-9)

이제 그 병자가 들어 올린 자리, 그 거적은 더 이상 수치가 아니라 은혜의 증거가 되었습니다. 어제까지 자신을 짓누르던 들것을 오늘은 그가 손으로 들어 올립니다. 주님은 성전의 특권을 지키려는 손을 먼저 들어주지 않으시고, 성전 바깥의 눈물부터 닦아주십니다. "다시는 죄를 범하지 말라."라는 말씀은 정죄가 아니라 지키심입니다. 은혜로 일으키신 주님이 우리를 거룩함으로 걷게 하시는 것입니다.

아우구스티누스는 말합니다. "그대의 들것을 드십시오. 그리고 그것을 들었으면, 가만히 서 있지 말고 걸어가십시오." 우리도 이제 자리에서 일어나야 합니다. 오래 붙들고 있던 체념, 비교, 중독, 패배감… 그 모든 거적을 들어 은혜의 증거로 삼고, 그 문을 지나 주님이 가르치신 길, 남의 들것을 함께 드는 길로 나아가야 합니다.

PRAYER 주님, 베데스다의 헛된 기대에 묶여 있던 우리를 불쌍히 여기소서. 말씀 한마디에 순종하여 일어서게 하소서. 이 사순절, 양의 문이신 주님만 따라 새 생명의 길을 걷게 하소서. 예수님의 이름으로 기도합니다. 아멘.

그러자 떡을 받아 들고 감사드리셨다

여기 한 아이가 있어 보리떡 다섯 개와 물고기 두 마리를 가지고 있나이다 그러나 그것이 이 많은 사람에게 얼마나 되겠사옵나이까 • 요한복음 6:9

18세기 말 영국. 교회와 신학교가 즐비했고, 히브리어와 헬라어에 능한 목회자들이 줄지어 나왔지만, 복음을 품고 인도 땅으로 향한 발걸음은 극히 드물었습니다. 그때 정규 신학교육을 받지 못한 한 구두수선공 소년이 있었습니다. 낮에는 긴 시간 바늘과 실로 가죽을 꿰매며 생계를 삼고, 틈날 때마다 히브리어·헬라어 문법책을 익혔으며, 밤이면 촛불 아래 주경야독을 이어갔습니다. 그렇게 한 푼 두 푼 모아 변변한 보장도 없이 인도로 떠났습니다. 사람들 눈에는 초라한 '한 아이'에 불과했을지 모르나, 주님의 손에 들리자 큰 무리를 먹이는 떡이 되었습니다.

갈릴리 호숫가에도 배고픈 무리가 몰려왔습니다. 주님은 하늘에서 만나를 내리시지 않고, 오히려 제자들에게 물으셨습니다. "우리가 어디서 떡을 사서 이 사람들을 먹이겠느냐?" 빌립은 재빨리 계산합니다. "이백 데나리온어치 빵으로도 모자랍니다."

그러나 안드레는 한 소년을 데리고 옵니다. "여기 한 아이가 있어 보리떡 다섯 개와 물고기 두 마리를 가지고 있나이다." 그것이 전부였습니다. 천한 이들의 음식, 짐승의 사료로도 쓰이던 보리떡, 가난한 자들이 주워 곁반찬으로 삼던 작은 생선들, 옵사리아(ὀψάρια). 그러나 그 보잘것없는 것을 주님의 손에 올려드리자 감사의 축사가 흘러나왔고, 떡은 나뉘고 또 나뉘어 마침내 모두가 배불리 먹었습니다. 아우구스티누스의 말처럼 창조주께서 낟알 몇 개로 밭의 산물을 번성하게 하시듯 주님은 동일한 능력으로 당신의 손에 들린 빵을 늘리셨습니다. 그리고 남은 조각은 열두 바구니에 가득 차게 되었습니다.

사순절은 묻습니다. 지금 나는 빌립인가, 안드레인가? '불가능하다'를 입증하는 계산에 머물러 있는가, 아니면 작더라도 있는 그대로 주님께 내어드리고 있는가? 주님은 마술사가 아닙니다. 홀로 무대를 독차지하시는 분이 아니라, 나의 작은 것을 들어 하나님의 큰 일을 이루시는 분입니다. 기적을 구하기보다 내 초라한 떡과 물고기를 먼저 주님의 손에 올려드리자는 것입니다. 내 지식, 내 경력, 내 지갑, 혹은 초라한 하루라 할지라도, 그 무엇이든 주님의 손에 들릴 때 이야기는 달라집니다.

우리는 자주 밀떡이 없음을 원망합니다. 그러나 주님은 보리떡으로 잔치를 베푸십니다. 윌리엄 캐리의 해진 문법책, 한 아이의 작은 도시락, 그리고 모자라 보이는 나의 오늘은 주님의 손에만 들리면 그것으로 충분합니다. 사순절의 결단은 거대한 영웅담이 아니라 "여기 있습니다."라고 조용히 내미는 작은 순종일 것입니다. 작음이 주님의 손에 들릴 때 모자람은 은혜가 되고, 남음은 열두 바구니의 증언이 됩니다.

PRAYER 주님, 계산으로 굳어진 마음을 열어주소서. 작아도 드릴 것을 보게 하시고, 보리떡 같은 오늘을 주님의 감사 위에 올리게 하소서. 그 작은 것이 나뉘고 또 나뉘어 많은 이웃을 배불리 하게 하소서. 예수님의 이름으로 기도합니다. 아멘.

02/28
10일

나예요, 두려워하지 마세요

큰 바람이 불어 파도가 일어나더라 제자들이 노를 저어 십여 리쯤 가다가 예수께서 바다 위로 걸어 배에 가까이 오심을 보고 두려워하거늘 이르시되 내니 두려워하지 말라 하신대 이에 기뻐서 배로 영접하니 배는 곧 그들이 가려던 땅에 이르렀더라
• 요한복음 6:18-21

바다는 언제나 인간의 언어를 쉽게 내주지 않습니다. 깊이를 재려 하면 끝없이 더 깊어지고, 방향을 잡으려 하면 금세 흐트러져버립니다. 제자들이 바다를 건너던 밤, 처음에는 설렘으로 노를 저었으나 곧 풍랑과 역풍에 휘청거렸습니다. 인생도 그렇습니다. 금방 건널 수 있을 듯하다가도 어느 순간 길을 잃고, 내가 어디쯤 와 있는지조차 알 수 없게 됩니다.

키릴루스의 말이 떠오릅니다. "그리스도께서는 배가 뭍에서 멀리 떨어졌을 때에야 오십니다. 우리 구원자의 은총은 시련이 깊어져 두려움이 극에 달했을 때—우리가 환난의 풍랑 한가운데 있을 때—비로소 옵니다."

한밤중, 새벽 세 시 무렵, 포기할 수도 돌아갈 수도 없는 그때 누군가 물 위를 걸어 다가옵니다. 제자들은 숨이 얼어붙어 외칩니다. "유령이다!" 은혜의 기억은 사라지고, 눈앞의 바람이 마음을 점령합니다. 방금 전 떡 다섯 개와 물고기 두 마리로 오천 명을 먹이신 분, 열두 광주리에 남은 은혜의 증거가 있는데도 그들은 주님을 알아보지 못합니다.

그때 주님이 말씀하십니다. "내니(ἐγώ εἰμι) 두려워하지 말라."

짧은 위로가 아니라 임마누엘의 선언이며, 하나님의 자기계시입니다. "나는 너희를 알고, 지금 너희에게 다가간다." 이 한마디 안에 십자가를 향한 발걸음, 우리의 외침과 침묵, 주님의 인내와 결단이 모두 응축되어 있습니다. 바람은 여전해도 그분의 음성이 들려오는 순간 두려움의 물결이 가라앉기 시작합니다.

주님은 이미 산에 올라 제자들을 위해 기도하고 계셨습니다. 괴로이 노를 젓는 손길과 두려움에 질린 얼굴을 지켜보고 계셨습니다. 그분은 풍랑을 곧장 잠잠하게 하실 수도 있었지만 기다리셨습니다. 그 머묾은 사랑의 또 다른 이름이기 때문입니다. 마침내 주님이 배에 오르시자 바람이 잦아듭니다. 제자들은 여전히 바다 한가운데라 여겼지만, 배는 이미 그들이 가려던 땅에 이르러 있었습니다. 주님이 함께하시는 배는 방향을 잃지 않습니다. 바람이 변덕스러울지라도 그분의 동행은 목적지를 흔들지 못합니다.

사순절의 길도 그러하지 않겠습니까? 주님이 걸으신 십자가의 길 또한 꺾이고 무너지고 피 흘린 길이었습니다. 그러나 그 끝에는 부활의 항구가 기다립니다. 그래서 주님은 우리를 억지로 끌지 않으시고, 등을 토닥이며 기다리십니다. 우리가 새벽 바다의 그분을 알아보지 못해도 주님은 말씀하십니다. "내니 두려워하지 말라." 이미 내게 오시고, 나를 위해 기도하시며, 내 배에 오르십니다. 그 순간 항해는 멈춤이 아니라 새로운 항로가 되고, 끝이 아니라 새벽의 시작이 됩니다.

PRAYER 주님, 밤의 풍랑 속에서도 저를 위해 기도하시며 다가오시는 주님을 찬양합니다. "내니 두려워하지 말라." 하시는 음성을 믿음으로 붙잡게 하소서. 주님을 모신 배 안에서 두려움이 아니라 성령의 순풍을 맞게 하소서. 예수님의 이름으로 기도합니다. 아멘.

실존하는 자유의 몸짓

지중해 남쪽, 온화한 기후의 크레타섬은 소설 『그리스인 조르바』의 주인공이자 화자인 '나'의 고향입니다. 제1차 세계대전으로 석탄이 부족했던 시기라 '나'는 고향으로 돌아가 광산을 개발하기로 했습니다. 당시 '나'의 조국 그리스는 독립투쟁을 하고 있었지만 지식계층인 '나'는 거기에 다소 방관적이었습니다. 소심한 탓에다 종교적 관점으로 볼 때 불필요한 행위라 생각했기 때문입니다. 그런 '나'를 보고 절친한 친구가 책벌레라고 질타했습니다. 그 말이 듣기 싫었던 '나'는 행동하는 삶을 위해 책상을 박차고 일어났습니다. 그리고 광부들과 함께하기로 맘먹고 크레타섬 배에 올랐습니다.

바로 그곳에서 다양한 인생 경험을 가진 조르바를 만났습니다. '나'는 그를 고용했습니다. 섬에 도착해 자리를 잡아가던 부활절 무렵의 어느 날, 한 마을 청년이 내가 흠모하던 젊은 과부에게 사랑을 고백했습니다. 그러나 거절당하자 스스로 목숨을 끊었습니다. 사람들은 그녀를 욕하며 '악마'라고 불렀습니다. 장례 후, 청년의 무덤에 꽃을 바치러 가는 과부에게 사람들이 돌을 던졌습니다. 조르바가 말렸지만 어느새 나타난 죽은 청년의 아버지가 칼을 휘둘러 그녀를 죽이고 말았습니다. 부활절 아침에 말입니다.

부활과 살인, 상반되는 조합이지만 소설은 이렇듯 대조적 구조를 바탕으로 하고 있습니다. 이를테면 지식인과 노동자, 소심한

'나'와 자유분방한 조르바, 종교와 이성을 앞세우는 '나'와 인간의 꿈틀대는 욕망을 지닌 '나' 등이 그것들입니다. 아! 그리고 세속과 신앙 사이에 어중간히 걸쳐 있는 수도승도 있습니다.

어쨌든 탄광사업은 벌목한 나무를 운반하는 케이블카가 무너지면서 실패했습니다. 수도승과 광부들이 모두 떠난 텅 빈 해변에서 모든 것을 잃어버린 '나'와 조르바는 허탈하게 춤을 춥니다. 하지만 즐겁습니다. 다시 일어서기 위한 춤입니다. 영화로 만들어진 〈그리스인 조르바〉의 마지막 장면이기도 합니다.

니코스 카잔차키스(Níkos Kazantzakís, 1883-1957)는 이 작품을 통해 인간의 자유로운 정신 탐구와 그 너머 세상의 근원이 무엇인지를 질문하고 있습니다. 그리고 삶과 죽음, 부활을 일직선에 놓고 우리에게 어떠한 삶의 자세를 취해야 할지도 묻고 있습니다. 그런 점에서 우리 모두는 복받은 사람들입니다. 부활하신 예수 그리스도가 나의 인도자이고, 친구이고, 또 스승이기도 하니까요.

유튜브에서 듣기
영화 〈그리스인 조르바〉
https://bit.ly/49cRK8r

세상에 생명을 주는 떡이니까요

하나님의 떡은 하늘에서 내려 세상에 생명을 주는 것이니라 그들이 이르되 주여 이 떡을 항상 우리에게 주소서 • 요한복음 6:33-34

우리는 날마다 삼시 세끼를 먹습니다. 그리스도인의 인생 전체를 펼쳐보면 우리의 양식은 세 가지로 나누어 말할 수 있습니다. 애굽의 양식, 광야의 만나, 십자가에서 내려온 생명의 양식이지요. 먼저 애굽의 양식입니다. 아담이 범죄한 이후 인간은 흙에서 겨우 양식을 얻어 살아야 했습니다. 그 땅은 가시덤불과 엉겅퀴를 내고, 피와 땀으로 얻은 양식은 결국 다시 흙으로 돌아갑니다. 이것이 주님이 '썩는 양식'이라 부르신 까닭입니다. 필요하지만 목표가 될 수 없는 양식임에도 우리는 애굽의 노예처럼 그 썩을 것에 매달립니다. 성공·명예·안정이 신앙의 시야를 가립니다. 이 지점에서 아우구스티누스가 우리를 깨웁니다. "너희는 다른 것을 위해 나를 찾는다. 나를 원해서 나를 찾거라." 사순절은 썩는 양식 앞에서 집착을 내려놓으라고 하나님이 우리를 부르시는 시간입니다.

다음은 광야의 만나입니다. 애굽의 노동조차 불가능한 자리, 모든 힘이 소진된 자리에서 하나님은 하늘에서 만나를 내리셨습니다. 수고와 무관하게 값없이 주어진 은혜의 양식입니다. 우리 인생에도 그런 광야가 있습니다. 더는 내 힘으로 버틸 수 없을 때 누군가의 도시락, 한마디 위로, 전혀 뜻밖의 도움이 내게로 찾아온 순간, 그것이 바로 만나였습니다. 그러나 만나도 쌓아두면 썩습니다. 만나를 먹고도 믿지 않던 이스라엘은 결국 광야에서 다 쓰러졌습니다. 만나의 은혜에만 머물러서는 영생에 이를 수 없습니다. 광야의 선물은 목적지가 아니라 걸어가게 하는 여정의 양식, 우리를 마지막 양식 곧 생명의 떡으로 이끄는 징검다리일 뿐입니다.

마지막 양식은 주님 자신이 주시는 생명의 양식입니다. "내가 곧 생명의 떡(ὁ ἄρτος τῆς ζωῆς)이라." 여기서 떡은 특별식이 아니라 매일의 양식입니다. 주님은 특별한 날에만 찾는 신앙을 원하지 않으십니다. 날마다 삼시 세끼처럼 주님으로 살라 하십니다.

밀이 떡이 되려면 베이고, 빻아지고, 불에 익혀져야 합니다. 포도가 포도주가 되려면 짓밟히고, 어둠 속에서 오래 숙성되어야 하지요. 그러므로 떡과 잔은 단순한 상징이 아닙니다. 우리를 살리려 주님이 그 길을 실제로 걸으셨기 때문입니다. 찢기고 쏟아지신 그 사랑을 먹고 마실 때, 우리는 애굽의 양식과 만나를 넘어 영생을 얻습니다.

사순절은 이 세 번째 양식을 깊이 묵상하는 계절입니다. 어떤 유익이 아니라 주님 자신을 원하여 그분께 나아가는 시간입니다. 썩어 사라질 양식에 목숨 걸지 않고, 만나의 은혜에 안주하지 않으며, 십자가에서 찢기고 흘리신 살과 피를 받아 누리는 자리입니다. 그분의 살을 먹고 피를 마시며, 내 죄와 교만을 내어놓고, 오직 그분의 생명으로 다시 살아나는 훈련입니다. 사순절은 바로 그 식탁 앞에 우리를 앉히시는 은총의 계절입니다.

PRAYER 주님, 당신만을 원하여 당신을 찾는 이가 드뭅니다. 세상의 썩는 양식에 매인 우리를 불쌍히 여기소서. 만나의 은혜에 머물지 않게 하시고, 십자가의 떡과 잔을 먹고 마시며 당신의 생명으로 살게 하소서. 당신 안에 영원히 연합하여 당신의 몸에서 떨어지지 않게 하소서. 예수님의 이름으로 기도합니다. 아멘.

너희들의 때는 늘 준비되어 있다

예수께서 이르시되 내 때는 아직 이르지 아니하였거니와 너희 때는 늘 준비되어 있느니라 • 요한복음 7:6

부모의 사랑은 곁에 있을 때 알아차리기 어렵습니다. 시간이 흘러 우리가 부모가 되고 나서야 가슴을 찌르듯 깨닫게 됩니다. 주님의 사랑도 그러했습니다. 제자들은 그 곁에서 함께 먹고 지내면서도 그 깊이를 다 헤아리지 못했습니다. 그러나 주님이 승천하신 뒤에야, 사도로서 공동체를 이끌며 세월을 건너 비로소 그 사랑의 실체를 보았습니다. 그래서 더 늦게 기록된 요한복음은 그 사랑을 한층 더 깊이 증언합니다.

본문은 담담히 기록합니다. "그 형제들까지도 예수를 믿지 아니하였더라." 왜 믿지 않았을까요? 믿는다고 여겼으나 참된 믿음에 이르지 못했습니다. 우리도 젊은 날 '믿었다'고 말하지만, 세월을 돌아보면 그 믿음이 종종 허영과 자기 욕망에 기댄 것이었음을 고백하게 됩니다. 은혜를 좇는다 했으나, 실은 자기 꿈을 밀어 올릴 힘으로 주님을 붙든 적이 있지요. 믿음의 이름으로 포장된 야망, 그것이 아직 참 믿음이 되기 전의 믿음입니다.

주님의 형제들은 초막절을 앞두고 말합니다. "예루살렘으로 올라가 당신을 세상에 드러내십시오." 그들의 시선은 초막절의 영광에만 고정되어 있었습니다. 그러나 그 열정은 비전이 아니라 야망이었고, 믿음이 아니라 허영이었습니다. 테오도로스의 말처럼 "그들은 그분이 모든 사람 앞에서 표징을 보여주어 그분 덕분에 자기들도 영광을 누리길 원했습니다." 겉으로는 '주님의 때'를 말하는 듯했으나, 속으로는 '자기들의 때'를 구하고 있었습니다. 하나님의 영광을 빌려 자기 이름을 밝히려는 마음—믿음의 언어로 포장된 야망은 결국 자기 연출을 위한 무대에 불과했습니다.

주님은 말씀하십니다. "내 때는 아직 이르지 아니하였거니와 너희 때는 늘 준비되어 있느니라." 그분의 때는 초막절의 환호가 아니라 유월절의 십자가입니다. 주님은 피 흘리심의 시간을 '내 때'라 부르십니다. 우리의 눈에는 초라해 보이는 그때가, 하나님의 눈에는 영원을 여는 때였습니다.

사순절은 이 차이를 깨닫게 합니다. 우리는 본능적으로 초막절의 시간을 원합니다. 풍성한 수확, 성공과 환호를 기대합니다. 그러나 주님은 우리를 십자가의 유월절로 부르십니다. 그러고는 외롭고 고통스럽고 실패처럼 보이는 그 길을 '내 때'(ὁ καιρὸς ὁ ἐμός)라 부르십니다. 하나님의 시간표는 인간의 시간표와 다릅니다. 믿음이란 내 시간을 하나님의 영원에 내맡기는 결단입니다. 주님의 형제 야고보는 훗날 예루살렘 교회의 순교자가 되었습니다. 한때는 초막절의 영광을 꿈꾸었으나, 마침내 유월절의 십자가와 오순절 성령 강림의 때에 자신을 내어드렸습니다. 우리 또한 젊은 날의 신앙이 허영에 가까웠을지라도 이제는 달라야 합니다. 내 때가 아니라 주님의 때를 기다리며, 초막절의 무대가 아니라 유월절의 순종을 따라야 합니다.

PRAYER 주님, 우리는 초막절의 영광을 구하며 '내 때'를 주장합니다. 주님의 때가 십자가의 유월절임을 더 깊이 깨닫게 하소서. 이 사순절, 우리의 시간을 내려놓고 주님의 영원한 때에 우리 자신을 온전히 의탁하게 하소서. 예수님의 이름으로 기도합니다. 아멘.

그러나 나는 그분을 압니다

…나를 보내신 이는 참되시니 너희는 그를 알지 못하나 나는 아노니 이는 내가 그에게서 났고 그가 나를 보내셨음이라 하시니 • 요한복음 7:28-29

우리는 손해 보는 법이 없던 이가 모든 것을 내려놓고, 돌 같던 이가 물처럼 부드러워졌다는 간증을 종종 듣습니다. 그런데 내 삶에는 왜 그런 균열이 없는 걸까요? 만남은 번개처럼 스치는 사건인 동시에 오래 배어드는 과정입니다. 어떤 이는 스쳐 지나가고, 어떤 이는 붙들려 마침내 변화의 불에 단련됩니다. 오늘 본문에 등장하는 사람들은 모두 예수를 '만났지만' 그 깊이는 달랐습니다. 그 만남의 결은 믿음의 온도에 따라 달라졌습니다.

먼저 예루살렘 주민들입니다. 그들은 눈에 보이는 성전과 손에 쥔 지식을 잣대로 주님을 재단합니다. "우리는 이 사람이 어디서 왔는지 안다." 출신을 안다는 이유로 메시아를 단번에 부정합니다. 홀연히 오시는 분은 하늘에서 갑자기 떨어진 낯선 이가 아니라, 말씀이 살이 되어 우리 가운데 거하시는 하나님이십니다. 입으로는 '안다'(οἴδαμεν)고 했지만 끝내 하나님을 알지 못했습니다.

다음은 순례자들입니다. 표적 앞에서 탄성이 터집니다. "메시아가 오셔도 이보다 더 많은 표적을 보이실까?" 그러나 거기서 멈춥니다. 베드로의 고백—"주는 그리스도시요 살아 계신 하나님의 아들이시니이다"(마 16:16)—까지 건너가지 못합니다. 곁눈질로 본 기적은 아직 '나의' 고백이 아닙니다.

마지막은 대제사장들과 바리새인입니다. 그들은 노골적으로 적대하며 묻지도, 듣지도, 고백하지도 않습니다. 그런 그들에게 주님은 말씀하십니다. "너희가 나를 찾아도 만나지 못할 터이요 내가 있는 곳에 오지도 못하리라." 욕망의 테두리로 주님을 가두려는 사람은 결국 그 테두리 안에 자기 자신을 가둡니다.

사순절은 이런 육에 속한 만남을 내려놓는 때입니다. 눈에 보이는 성전과 순간의 기적, 자기중심의 틀로 주님을 재단하려 드는 만남은 허망하게 사라집니다. 성전 한가운데에서 주님이 외치십니다. "누구든지 목마르거든 내게로 와서 마시라." 이 음성은 귀를 스쳐 지나가는 소리가 아니라 메마른 심장 깊숙이 울려퍼져 우리를 깨우는 부름입니다. 아우구스티누스의 말이 이것을 비춰줍니다. "여러분이 전에 메마르지 않았더라면 목마를 일이 없었을 것입니다. 여러분이 목마르지 않았더라면 물을 마시지 않았을 것입니다. 여러분이 얼마나 비어 있는지 깨닫지 못했더라면 그리스도를 믿지 않았을 것입니다."

영으로 주님을 만난 이는 이렇게 고백하게 됩니다. "목말랐으나 이제는 만족합니다. 보지 못했으나 이제는 봅니다. 죽었으나 이제는 다시 살아납니다. 가난했으나 이제는 풍성합니다." 사순절은 이 고백을 향해 걸음을 다시 내딛게 하는 길입니다. 보이는 성전을 자랑하던 자리에서 물러나 삶 전체를 하나님의 성전으로 내어드리는 겸손으로 부름받는 길입니다.

PRAYER 주님, 보이는 것만 붙들고 주님을 재단하던 어리석음을 용서하소서. 성령으로 우리를 이끄셔서 주님을 참되이 알게 하소서. 메마른 영혼에 복음의 생명을 채우시고, 내 삶에 거하사 주의 성전 삼아주시어 그 안에서 오직 주님의 영광만 드러나게 하소서. 예수님의 이름으로 기도합니다. 아멘.

03/05
14일

아무도 없습니다, 주님

…너희 중에 죄 없는 자가 먼저 돌로 치라 하시고 다시 몸을 굽혀 손가락으로 땅에 쓰시니
• 요한복음 8:7-8

어느 새벽, 성전 마당이 돌 부딪히는 소리로 서늘해졌습니다. 율법을 쥔 단단한 손들이 한 여인을 한가운데 세웠습니다. 칼날 같은 질문 하나가 던져졌습니다. "선생은 어떻게 말씀하시겠나이까?" 그러나 주님은 곧장 답하지 않으시고, 몸을 굽혀 흙 위에 조용히 무언가를 쓰셨습니다. 이 사순절, 우리는 그 흙 앞에 섭니다. 남을 정죄하던 손, 내 죄를 가리던 손—그 손에 쥔 차가운 돌의 무게가 서서히 손목까지 내려앉는 듯 느껴집니다.

주님은 침묵으로 모두의 숨을 멎게 하신 뒤, 단 한마디로 양심의 심장을 꿰뚫으셨습니다. "너희 중에 죄 없는 자가 먼저 돌로 치라." 돌도 무겁지만, 양심은 더 무겁습니다. 이내 늙은 자부터 하나 둘 뒤로 물러났습니다. 그 자리에 쌓인 것은 돌더미가 아니라 무너져내린 침묵이었습니다. 그리고 성경은 간결한 결론을 남겼습니다. "오직 예수와 여자만 남았더라."

사순절은 여기서 다시 시작되어야 하지 않을까요? 군중도, 평판도, 이름도 사라지고 오직 예수와 나만 남는 그 자리에서 말입니다. 그때 주님이 물으십니다. "너를 정죄하던 자들이 어디 있느냐?" 그 여인은 조용히 대답합니다. "주여, 없나이다." 그리고 그분의 음성이 이어집니다. "나도 너를 정죄하지 아니하노니 가라. 그리고 다시는 죄를 범하지 말라."

주님이 흙 위에 무엇을 쓰셨을까요?(ἔγραφεν) 그 흙이야말로 내 인생의 밑바닥 아니었겠습니까. 그러나 주님은 십자가의 손과 성령의 숨결로, 내 과거와 사람들의 조롱까지 지워주십니다. 사순절의 은혜는 값싼 면죄가 아니라 십자가의 피로 지워진 기록을 믿고 사는 담대함입니다. 용서는 과거를 지우고, 명령은 미래를 엽니다. 그래서 '정죄하지 않음'(οὐδὲ… κατακρίνω)과 '다시는'(μηκέτι) 사이—곧 이 두 말씀의 간격에서 우리는 마침내 새 사람으로 일어서게 됩니다.

히에로니무스의 기록에 따르면, 사실 이 본문은 일부 고대 사본에서는 누락되어 있었다고 합니다. "이렇게까지 용서한다면 방종을 부추기지 않겠는가?" 그러나 교회는 곧 깨달았습니다. 이 말씀이야말로 복음의 심장부, 값싼 관용이 아니라 피 흘림으로만 가능해진 은혜라는 것을. 잠시 떠돌던 전승이 제자리로 돌아왔듯이 방황하던 죄인의 삶도 십자가 앞에서 마침내 길을 찾습니다.

사순절에 내려놓아야 할 돌은 무엇일까요? 그 돌을 움켜쥔 채로는 결코 주님과 단둘이 남을 수 없습니다. 돌을 놓아야 비로소 흙 앞에 무릎을 꿇고, 십자가의 주님의 손가락이 내 이름을 다시 새기시는 은혜를 경험합니다. 군중의 소리 대신 말씀의 숨을 들어 보십시오. 그 틈에서 내 영혼을 향한 한마디가 쓰일 것입니다. 그리고 마침내 이렇게 고백하게 될 것입니다. "오직 예수와 나만 남았더라."

PRAYER 주님, 제 손의 돌을 내려놓고 흙 앞에서 엎드립니다. 십자가의 피로 제 죄의 기록을 지워주시고, 성령의 숨으로 제 마음을 여시며 길을 열어주소서. '정죄하지 않음'의 은혜와 '다시는'의 거룩함 사이에서, 오직 예수님과 저만 남는 자리로 이끌어주소서. 예수님의 이름으로 기도합니다. 아멘.

나의 말을 지키는 사람은

진실로 진실로 너희에게 이르노니 사람이 내 말을 지키면 영원히 죽음을 보지 아니하리라
• 요한복음 8:51

우리 삶을 흔드는 근심이 두 가지 있습니다. 하나는 시간이 멈추지 않고 흘러간다는 사실, 또 하나는 귀한 만남과 관계가 연기처럼 사라져 간다는 현실입니다. 그러나 이 둘은 결국 같은 문 앞, 곧 죽음으로 모입니다. 그 문턱에서 주님은 말씀하셨습니다. "사람이 내 말을 지키면 영원히 죽음을 보지 아니하리라." 시간도 삼키지 못할 생명, 흩어짐도 이기지 못할 약속–그 선물은 말씀을 지키는 이에게 주어집니다.

우리는 대개 죽음을 호흡과 심장 박동이 멈추는 일로만 생각합니다. 그러나 죽음은 어느새 이미 우리 삶 속으로 스며들어 있습니다. 스무 살을 넘어서며 몸에는 노화의 기척이 시작되고, 기억은 점차 흐릿해지며, 양심의 칼끝도 조금씩 무뎌집니다. 그때마다 우리는 죽음의 가장자리를 스치고 지나갑니다. 그러나 성경이 가리키는 더 깊은 죽음은 따로 있습니다. 하나님과의 관계가 끊어지고 사람과의 교제가 막히는 것–그 단절이야말로 성경이 말하는 참된 죽음의 핵심입니다.

임종의 때에 이르렀을 때 우리를 가장 아프게 하는 것은 돈도, 명예도 아닙니다. 끝내 돌이키지 못한 관계, 회복되지 못한 사랑입니다. 인간 고통의 극점은 단절이며, 하나님과의 관계가 끊기는 영적 죽음은 그 단절을 심연으로 끌어내려 더 깊은 허무를 낳습니다.

그래서 주님은 “내 말을 지키면”(τηρέω, 간직하다/보전하다)이라고 하셨습니다. 말씀은 흘러가는 시간을 건져 올리는 두레박과 같습니다. 그대로 두면 모래처럼 손가락 사이로 빠져나가지만, 말씀이 시간 속에 내려앉을 때 그 시간은 잊히지 않고 하나님 나라의 언약 속에 새겨집니다. 간직한 말씀은 기억을 머물게 하고 흩어지는 삶을 약속의 질서로 묶어줍니다. 오리게네스의 말처럼 “죽음이 보이지 않도록 막는 것이 '말씀'의 본성이기 때문입니다.”

어린 시절, 저는 피아노 선생님과 “스무 해 뒤에 다시 만나자.”라는 약속을 했습니다. 그 말을 마음에 간직했기에 세월이 흘러도 관계는 끊어지지 않았습니다. 약속은 시간을 영원에 묶어두는 힘이 있습니다. 이와 같이 주님의 말씀을 붙드는 이는 흐르는 세월과 다가오는 죽음 속에서도 무너지지 않습니다. 영생은 죽음 이후로 무한히 연장된 시간표가 아닙니다. 영원한 생명은 지금 여기에서 시작됩니다. 곧 하나님과의 관계가 회복되고, 이웃과의 사랑이 되살아날 때입니다. 그때 영생은 사건이 아니라 관계, 스침이 아니라 만남, 감상이 아니라 헌신이 됩니다. 말씀을 지키는 마음이 시간을 건져 올리고, 그 시간 속에서 생명이 자랍니다.

사순절은 흘러가는 세월과 다가오는 죽음을 말씀으로 건져 올리는 계절입니다. 약속을 붙드는 자라야 소망 가운데 영생을 미리 맛봅니다. 우리의 짧은 시간과 깨어진 관계는 약속 안에서 새로워지고, 유한한 생은 영원의 숨결로 다시 호흡합니다.

PRAYER 주님, 흘러가는 세월에 휩쓸리지 않게 하시고, 말씀의 두레박으로 영원의 물을 길어 올리게 하소서. 죽음의 두려움 속에서도 말씀을 마음에 간직하여 사랑으로 관계를 회복하게 하시고, 지금 여기에서 영원한 생명을 미리 누리게 하소서. 예수님의 이름으로 기도합니다. 아멘.

그 진흙을 그 사람의 눈에 바르셨다

내가 세상에 있는 동안에는 세상의 빛이로라 이 말씀을 하시고 땅에 침을 뱉어 진흙을 이겨 그의 눈에 바르시고 이르시되 실로암 못에 가서 씻으라 하시니 (실로암은 번역하면 보냄을 받았다는 뜻이라) 이에 가서 씻고 밝은 눈으로 왔더라

• 요한복음 9:5-7

사람은 서로를 가장 잘 안다고 여깁니다. 그러나 정작 한 사람 안에서 시작된 변화를 알아보지 못할 때가 많습니다. 나면서 눈먼 자도 그랬습니다. 이웃은 그를 평생 구걸할 사람, 결코 고침받지 못할 존재로 단정했습니다. 그런데 눈이 열리자 말이 갈립니다. "그 사람이 맞다." "아니다, 닮은 사람이다."

전해지기를, 히포의 감독 아우구스티누스에게 어느 날 한 여인이 다가와 말을 걸었다고 합니다. 아우구스티누스가 대답했습니다. "당신이 알던 그 사람은 죽었습니다." 변화란 이렇듯 옛 사람이 저물고 새 사람이 일어서는 일입니다. 세상은 늘 묻습니다. "어떻게 된 일인가?" 그러나 눈을 뜬 사람의 대답은 단순합니다. "예수라 하는 그분이 내 눈에 진흙을 바르시고 씻으라 하시기에 내가 가서 씻었더니 보게 되었습니다." 비결이 아니라 만남이 있었고, 방법이 아니라 그분 자신이 곧 답이었습니다.

그렇다면 왜 주님은 말씀 한마디로도 충분하실 텐데, 굳이 진흙(πηλός)을 이기셨을까요? 흙은 우리의 본질을, 침은 그분의 숨결이 남긴 표징을 가리킵니다. 이레네우스의 통찰대로 보자면, 주님이 진흙을 개어 눈에 바르신 행위는 옛 창조의 방식을 다시 드러내

신 일이었습니다. 흙으로 사람을 지으신 그 손이 지금도 일하신다는 표지—곧 하나님의 일이 그 사람 안에서 나타나게 하려는 뜻이었습니다.

맹인은 먼저 빛의 찬란함이 아니라, 주님의 체온이 스민 따뜻한 진흙을 느꼈습니다. 빛은 눈부심만이 아니라 살을 데우는 온기입니다. 그리고 '실로암'(보냄을 받음)이라는 말씀에 순종해 낮아짐의 자리로 내려갔을 때, 비로소 그의 눈이 열렸습니다. 그날은 가장 어두운 날이었으나, 마침내 가장 밝은 아침이 되었습니다.

우리 역시 삶에서 해석되지 않는 '진흙의 날'을 만납니다. 기도의 응답은 멈추고, 소망은 흙먼지 속에 묻힌 듯합니다. 그러나 성경은 기록합니다. 예수님이 진흙을 이겨 눈을 뜨게 하신 그날은 안식일이었습니다. 주님이 진흙을 개어 바르신 바로 그날이 눈을 뜨는 날, 참된 안식이 시작되는 날이 됩니다. 절망의 진흙이 은혜가 되어 우리를 낫게 합니다.

오래전 몽골에서 만난 한 의료선교사는, 가장 가까웠던 의사 친구를 병으로 떠나보낸 그날이 인생에서 가장 어두운 날이었다고 고백했습니다. 그러나 바로 그날, 주님은 그의 선교 소명을 새롭게 여셨습니다. 눈 뜨는 날과 진흙의 날이 한날이었습니다. 주님은 그날을 통해 우리의 눈을 열어 하나님이 하시는 일을 보게 하십니다. 절망의 날은 소명의 날로, 어둠의 시간은 빛의 시간으로 바뀝니다. 사순절은 이 신비를 다시 기억하는 절기입니다.

PRAYER 빛이신 주님, 제 눈을 가리는 고난 속에서도 하나님의 일을 보게 하소서. 진흙의 날이 눈 뜨는 날이 되게 하시고, 절망 한복판에서도 십자가의 참된 안식을 누리게 하소서. 예수님의 이름으로 기도합니다. 아멘.

함께 드리는 사순절 기도문 2

십자가의 빛으로 오신 주님 앞에 나아가게 하소서

기독교방송(CBS) 사장 **나이영**

이 땅의 모든 생명을 주관하시는 창조주 하나님, 주님이 주신 생명으로 오늘 우리가 살아 숨 쉬고 있음을 고백합니다. 우리 삶을 통해 주님께서 이루실 놀라운 일들을 기대하며 감사와 찬양의 기도를 올려드립니다.

거룩하신 하나님, 주님은 우리의 겉모습만이 아니라 드러나지 않는 생각, 감춰둔 상처와 이기적 욕심까지 아시는 분입니다. 영원 가운데 거하시는 주님은 우리 각 사람이 태어나기 전부터 죽음 이후에 이르기까지 모든 것을 알고 계십니다. 우리는 주님 앞에 숨을 수 없는 작고 작은 존재임을 고백합니다. 주님은 죄 가운데 있는 우리를 위해 예수 그리스도를 보내주셨고, 십자가 대속의 은혜로 우리를 향한 주님의 사랑을 확증하셨습니다. 사순절을 보내며 그 크신 사랑과 은혜에 감사하며 우리 삶을 다시 주님 앞에 내어놓습니다.

우리의 영원한 빛 되시는 주님, 오늘 우리는 온갖 탐욕과 교만의 죄로 가득한 세상 가운데 서 있습니다. "빛이 어둠에 비치되 어둠이 깨닫지 못하더라"(요 1:5)라는 말씀처럼, 세상은 주님의 진리를 거부하고 죄악의 길로 달려가고 있습니다. 혼란과 분열, 피로와 냉소가 일상이 된 시대를 사는 우리가 주님의 제자로서 어떻게 살아가야 할지 묻고 또 묻습니다. 세상의 어둠을 한탄하며 무기력하게 앉아 있는 사람이 아니라, 저마다 주님께서 보내신 자리에서 생명의 빛을 비추는 사람으로 부름받았음을 기억하게 하옵소서.

예수님의 십자가 고난과 부활을 묵상하는 사순절을 보내며, 십자가 대속으로 우리를 살리신 주님의 뜻을 깊이 돌아봅니다. 주님을 따르는 길이 단지 신앙적 고백과 뜨거운 감정이 아니라, 삶의 자리에서 구체적인 선택과 실천으로 이어지게 하옵소서. 우리에게 맡기신 직업을 통해, 또 가정과 공동체 안에서 드러나는 말과 행동을 통해 주님의 진리와 정의, 사랑이 샘솟듯 일어나게 하옵소서. 오직 십자가 사랑으로 충만케 하사 사랑의 마음으로 침묵할 때와 말해야 할 때를 분별하며 살아가도록 인도하여 주옵소서.

주님, 주님은 죽음을 이기셨습니다. 주님 안에 거하는 우리도 부활의 은혜를 경험하게 될 것을 믿습니다. 우리 안에 있는 어둠을 걷어내시고 크고 놀라운 주님의 빛으로 가득 채워주옵소서. 그 빛이 나를 살리고, 우리 가정과 공동체를 살리기를 원합니다. 원수까지 사랑하라고 하신 주님의 말씀을 기억합니다. 죄악과 폭력으로 신음하는 이 세상에 주님께서 우리에게 베풀어주신 사랑이 우리를 통해 전파되게 하옵소서.

부활과 생명 되신 우리 주 예수 그리스도의 이름으로 기도합니다. 아멘.

그 양들은 내 목소리를 들을 겁니다

그러므로 예수께서 다시 이르시되 내가 진실로 진실로 너희에게 말하노니 나는 양의 문이라… 내가 문이니 누구든지 나로 말미암아 들어가면 구원을 받고 또는 들어가며 나오며 꼴을 얻으리라
• 요한복음 10:7,9

성경은 하나님을 목자로, 우리를 양으로 그립니다. 양은 코앞만 보며 소리에 민감합니다. 방향 감각이 없고, 쉽게 길을 잃고, 스스로를 지킬 힘이 부족합니다. 우리도 그렇습니다. 겉은 멀쩡해 보여도 속은 쉽게 흔들리고, 내일 한 치 앞도 장담하지 못한 채 불안과 본능에 이끌립니다. 그래서 우리에게는 목자가 필요합니다.

이스라엘의 목자는 물매(돌)로 사자와 곰을 물리쳤습니다. 동시에 무리에서 이탈한 양의 길 앞에 돌을 떨어뜨려 그 놀람으로 다시 무리에 돌아오게 했습니다. 주님이 허락하시는 어떤 충격과 막힘은 징벌이 아니라 '돌아오라'는 사랑의 신호입니다. 그때 우리는 "왜 이런 일이?"라고 묻기보다 먼저 "나는 지금 어디로 가고 있었는가?"를 물어야 합니다.

그러나 목자는 무엇보다 음성(φωνή)으로 인도합니다. 양의 이름을 하나하나 부르며 문으로 이끌고, 앞서 걸으면서 푸른 풀밭과 고요한 물가로 데려갑니다. 사순절은 이 음성을 다시 배우는 때입니다. 자주, 오래, 깊이 말씀을 듣고 기도 속에서 그분의 숨결에 귀 기울일 때 우리의 분별은 맑아집니다. 사순절은 환경이 아니라 목자의 음성으로 길을 정하는 법을 배우는 시간, 그 지혜를 익히는 절기입니다.

주님은 목자이실 뿐 아니라 '양의 문'이십니다. 들판의 우리에는 대개 문짝이 없기에, 밤이 되면 목자가 입구에 몸을 뉘여 스스로 문이 됩니다. 그러므로 출입의 길은 하나입니다. 예수 그리스도 안으로 들어오면 안전하고, 그분을 따라 나가면 꼴을 얻습니다. 우리가 애써 두드리는 세상의 수많은 문이 닫혀도, 눈을 들면 하늘의 문이 열려 있음을 봅니다. "이리로 올라오라." 십자가의 낮아짐을 통과할 때, 위로부터 생명의 넉넉함이 흘러옵니다.

"도둑이 오는 것은 훔치고 죽이고 멸망시키려는 것"이지만, 주님은 "생명을 얻게 하고 더 풍성히 얻게 하려" 오셨습니다. 풍성함은 문제가 없는 상태가 아니라, 은혜가 끊임없이 밀려오는 파도와 같습니다. 길을 잃은 자를 주님은 어깨에 메고 끝내 품으로 데려오십니다. 목자는 끝까지 책임집니다. 카이사레이아의 바실리우스가 말하듯 "그 목자는 자기 양 떼를 위하여, 양이 되신 것처럼 자신을 내어주셨습니다." 우리가 할 일은 하나입니다. 양으로 서는 겸손, 문이신 그리스도를 통과하는 순종, 목자의 음성에 곧바로 응답하는 믿음. 사순절의 훈련은 바로 이것입니다.

사순절은 내가 만든 문이 아니라 주님의 문으로 드나드는 법을 배우는 계절입니다. 그분의 음성에 귀 기울여 그 문을 통과해 순종할 때, 우리 안에는 평강이 흐르고 미래를 여는 은혜의 파도가 쉼 없이 밀려옵니다.

PRAYER 선한 목자 되신 주님, 스스로 길을 재던 교만을 내려놓게 하소서. 문이신 주님을 통과해서만 드나들게 하시고, 주님의 음성만 따르게 하소서. 돌연히 우리를 멈춰 세우신 일들 속에서도 "돌이키라" 하시는 사랑의 신호를 알아듣게 하소서. 십자가의 낮은 길에서 생명을, 부활의 새벽에서 풍성한 생명을 누리게 하소서. 예수님의 이름으로 기도합니다. 아멘.

나는 양들을 위해 내 목숨을 내놓습니다

내가 내 목숨을 버리는 것은 그것을 내가 다시 얻기 위함이니 이로 말미암아 아버지께서 나를 사랑하시느니라 이를 내게서 빼앗는 자가 있는 것이 아니라 내가 스스로 버리노라 나는 버릴 권세도 있고 다시 얻을 권세도 있으니 이 계명은 내 아버지에게서 받았노라 하시니라
• 요한복음 10:17-18

예수님은 자신을 선한 목자라 부르셨습니다. "선한 목자는 양들을 위하여 목숨을 버리거니와." 목자 됨의 본질은 권세(ἐξουσία)를 내세우거나 자기 생명을 지키는 데 있지 않습니다. 오히려 자신을 내어주는 데 있습니다. 그는 하늘 영광을 비우시고 하나님의 자리에서 사람의 자리로 내려오셨습니다. 심판자의 자리에 서실 수도 있었으나 죄인을 대신하는 자리에 서셨습니다. 그분은 권세를 주장하기보다 십자가의 수치와 고통을 스스로 받아들이셨습니다. 이것이 참 목자의 길, 곧 버리고 다시 취하시는 사랑의 권세입니다.

주님이 먼저 보여주신 권세는 붙드는 권세가 아니라 버리는 권세, 목숨까지 내어놓는 권세입니다. 빼앗김은 수치이지만, 스스로 내어놓음은 오히려 권세입니다. 크리소스토무스의 증언처럼 "스스로 자기 목숨을 내어놓는 이에게는 그 어떤 명령도 필요 없습니다." 주님은 양들을 위하여 자기 생명을 버리셨습니다. 그러나 우리는 여전히 움켜쥡니다. 마음 깊은 곳의 욕심, 사람 앞의 체면, 끝내 내려놓지 못하는 분노와 상처…. 그 모든 것을 움켜쥔 채 살아갑니다. 이 버릴 권세를 배우지 못하면 주님의 제자가 될 수 없습니다. 모래 한 알의 상처를 품고 진주가 빚어지듯 십자가에서 우리를 품으신

주님의 상처가 우리를 진주로 빚으십니다. 오직 버림의 자리에서 참된 변화가 시작됩니다.

그러나 주님은 버리심에서 멈추지 않으셨습니다. 주님의 또 다른 권세는 다시 얻을 권세입니다. "내가 목숨을 버리는 것은 그것을 다시 얻기 위함이라." 버림의 끝에는 언제나 얻음이 기다립니다. 부활의 새 생명은 버릴 권세를 통과한 이들에게 주어집니다. 우리가 자아와 고집, 미움과 분노를 내려놓을 때, 그 빈자리에 성령의 숨결이 스며듭니다. 주님은 잃는 듯하심으로 다시 찾으시고, 버리심으로 다시 얻으셨습니다. 부활은 십자가의 다른 얼굴입니다. 비움이 길을 열고, 그 길로 생명이 들어옵니다.

사순절은 이 두 권세를 묵상하는 때입니다. 버릴 권세를 배우며, 다시 얻을 권세를 소망하는 길입니다. 사순절의 길은 손을 움켜쥐는 길이 아니라 손을 펴는 길, 붙들려는 마음을 내려놓고 십자가를 바라보는 길입니다. 버림은 잃는 길이 아니라 되찾는 길입니다. 주님은 우리에게 풍성한 생명을 주시려 이 길을 먼저 걸으셨습니다.

오늘 우리가 버려야 할 것은 무엇입니까? 끝까지 움켜쥔 욕심입니까? 사람을 향한 미움입니까? 내려놓지 못한 자존심입니까? 버릴 권세를 행하는 이에게 주님은 다시 얻을 권세 곧 부활의 권세를 주십니다. 버림 없는 얻음은 없고, 십자가 없는 부활도 없습니다.

PRAYER 선한 목자 되신 주님, 우리가 붙들고 있는 것을 기꺼이 내려놓게 하시고, 주님의 부활 권세 안에서 새 생명을 얻게 하소서. 십자가의 길을 두려움 없이 걸으며 부활 소망 가운데 살게 하소서. 예수님의 이름으로 기도합니다. 아멘.

03/11

19일

나를 믿는 사람은 죽어도 살 겁니다

이르시되 그를 어디 두었느냐 이르되 주여 와서 보옵소서 하니 예수께서 눈물을 흘리시더라 • 요한복음 11:34-35

사랑하는 이를 잃으면 누구나 속으로 탄식합니다. "그날, 만약 그렇지 않았더라면…." 그러나 지난 시간은 돌아오지 않습니다. 상실은 자주 죄책과 후회의 그림자를 드리웁니다. 나사로의 두 자매도 이렇게 고백했습니다. "주께서 여기 계셨더라면 내 오라비가 죽지 아니하였겠나이다."

그런데 성경은 놀라운 진실을 밝힙니다. "예수께서 눈물을 흘리시더라."(ἐδάκρυσεν) 이는 잠깐의 연민이 아닙니다. 요한은 주님이 심령 깊은 곳에서 비통해하시며 내면이 격동하시는 모습을 함께 보여줍니다. 우리의 눈물은 인간의 눈물이지만, 주님의 눈물은 하나님의 눈물입니다. 우리의 눈물 위에 떨어지는 하나님의 피눈물, 바로 그것이 십자가의 사랑입니다.

주님의 눈물은 거기서 멈추지 않았습니다. 무덤 앞에서 주님은 명하셨습니다. "돌을 옮겨 놓으라." 그러나 마르다는 절망의 언어로 항변합니다. "주여, 죽은 지가 나흘이 되었으매 벌써 냄새가 나나이다." 바로 그 '나흘'－되돌릴 수 없다고 여겨진 부패의 시간－앞에서 주님은 썩음을 깨뜨리시는 분입니다. 우리의 죄책과 실패, 좌절이 굳게 막아 세운 돌을 치우라 하십니다. 돌 너머 우리를 기다리는 것은 썩은 냄새가 아니라 하나님의 영광입니다.

주님은 과거에 매달려 애원하지 않으셨습니다. 오히려 하늘을 우러러 먼저 감사하셨습니다. "아버지여, 내 말을 들으신 것을 감사하나이다." 그리고 큰소리로 외치셨습니다. "나사로야, 나오라!" 캄캄한 무덤 속, 수의에 묶여 있던 나사로가 깨어났습니다. 에프렘은 이 장면을 이렇게 그립니다. "주님의 눈물은 비요, 나사로는 밀알이요, 무덤은 땅이라. 천둥 같은 부르심이 울리자 죽음이 떨었고, 밀알 같은 나사로가 껍질을 가르고 일어섰다." 앞이 가려져 보이지 않아 그는 그 음성을 따라 몸을 더듬어 바깥으로 나왔습니다. 그리고 주님은 다시 명하셨습니다. "풀어 놓아 다니게 하라."

우리의 인생에도 '나흘이 지나버린 무덤'이 있을지 모릅니다. 이미 끝났다고 여긴 관계, 썩은 냄새가 올라오는 실패, 돌처럼 굳어버린 죄책감…. 그러나 주님은 오늘도 우리를 부르십니다. "나사로야, 나오라." 앞이 보이지 않아도, 손과 발이 묶여 있어도 기어서라도 그 음성이 들리는 쪽으로 나아가야 합니다. 그때 주님은 돌문을 열어주시고, 우리의 결박을 풀어 자유하게 하십니다.

사순절은 이 부르심 앞에 서는 시간입니다. 내 안의 무덤을 막아선 돌을 옮기고, '나흘'의 절망 한가운데에서도 감사와 부활을 미리 고백하는 때입니다. 나사로의 부활은 한 사람에게만 일어난 지나간 기적이 아니라, 오늘 우리 안에서 다시 일어나야 할 살아 있는 믿음의 현실입니다.

PRAYER 주님, 제 무덤을 막아선 돌을 치우게 하소서. 이미 끝난 줄 알았던 절망과 실패의 자리에서도 주님의 음성을 듣게 하소서. "나사로야, 나오라." 부르시는 말씀에 순종하여, 묶인 사슬이 풀리고 다니는 부활의 자유를 누리게 하소서. 죽음이 끝이 아니라 새 생명의 문턱임을 믿고, 오늘도 감사로 살게 하소서. 예수님의 이름으로 기도합니다. 아멘.

불러모아 하나가 되게 하시려는 것이었다

이 말은 스스로 함이 아니요 그 해의 대제사장이므로 예수께서 그 민족을 위하시고 또 그 민족만 위할 뿐 아니라 흩어진 하나님의 자녀를 모아 하나가 되게 하기 위하여 죽으실 것을 미리 말함이러라 • 요한복음 11:51-52

아무도 자기 인생이 산산조각 나기를 바라지 않습니다. 그러나 뜻하지 않게 가정은 깨지고, 관계는 흩어지며, 민족은 갈라집니다. 깨어진 유리 조각들 사이에서 우리는 묻습니다. "다시 하나로 모아질 길(συναγάγῃ εἰς ἕν)은 없을까?" 그 질문 앞에서 요한은 예수님을 둘러싼 세 부류를 보여줍니다.

첫째는 나사로의 부활을 보고 믿은 무리입니다. 그들은 기적 앞에서 몰려들었으나, 신앙의 기준이 주님 자체가 아니라 주님이 행하신 표적에 머물렀습니다. 표적은 사람을 모으는 듯했지만, 십자가 앞에서는 그 열기가 모래성처럼 무너졌습니다.

둘째는 대제사장들과 바리새인들입니다. 그들은 나사로의 부활보다 '우리의 자리와 민족을 잃을까' 하는 것을 더 두려워했습니다. "한 사람이 죽어 온 민족이 망하지 않게 하라."라는 가야바의 말은 냉혹한 정치 계산으로 읽힙니다. 그러나 요한은 그 말 속에서 섭리의 역설을 읽습니다. 하나님은 때로 악의에 찬 입술조차 사용하시어 당신의 뜻을 예언하게 하십니다. 믿음의 눈은 냉혹한 말의 껍질을 뚫고, 그 너머에서 하나님의 말씀을 듣습니다.

셋째는 제자들입니다. 그들은 군중처럼 환호하지도, 제사장들처럼 음모를 꾸미지도 않았습니다. 다만 예수님은 제자들과 함께

에브라임 빈들로 물러가셨습니다. 탐심에 사로잡히고 증오에 묶이고 불안에 떨던 이들이 사방으로 흩어져 있었고, 주님은 바로 그들을 하나 되게 하시려 광야로, 끝내는 십자가로 나아가셨습니다. 비움에서 시작된 모으심—그 길이 곧 하나님의 모으심이었습니다.

가야바의 말은 역설적 진리로 드러납니다. "한 사람이 죽어 민족이 살리라." 키릴루스의 통찰처럼 그는 자기가 무엇을 말하는지조차 알지 못한 채 발람처럼 하나님께서 입에 넣어주신 말을 하고 있었던 셈입니다.(민 22:38) 가정에서, 교회에서, 공동체에서 우리는 몸으로 압니다. "내가 죽으면 산다." 그러나 각자가 끝까지 자기만 살고자 한다면 가정도 교회도 산산이 흩어집니다. 사순절은 나 한 사람이 죽는 길을 걷는 때입니다. 광야로 들어가 자기를 부인하고, 십자가 앞에 서서 욕심과 혈기를 십자가에 못 박는 시간입니다. 그 죽음에서 비로소 하나 됨이 시작되고, 흩어진 조각들이 은혜의 손에 다시 모아집니다.

교회는 군중이 몰려드는 장소가 아니라, 제자가 자기를 죽여가는 자리입니다. 흩어진 하나님의 자녀를 모으는 일은 기적의 환호가 아니라 십자가의 헌신에서 시작됩니다. 유리 조각처럼 흩어진 인생들이 십자가의 피 아래에서 서로 맞물려 한 폭의 스테인드글라스로 빚어질 때, 교회는 비로소 파송의 교회가 됩니다. 그때 그 빛은 그 유리를 통과해 세상으로 흘러갑니다.

PRAYER 주님, 제 안의 욕심과 혈기를 십자가에 못 박게 하소서. 제가 먼저 죽게 하시고, 흩어진 가정과 교회와 공동체를 주님 안에서 하나 되게 하소서. 흩어진 우리를 십자가의 사랑으로 모으시고, 부활의 역사를 오늘 우리 가운데 이루어주소서. 예수님의 이름으로 기도합니다. 아멘.

그러나 죽으면 많은 열매를 맺습니다

예수께서 대답하여 이르시되 인자가 영광을 얻을 때가 왔도다 내가 진실로 진실로 너희에게 이르노니 한 알의 밀이 땅에 떨어져 죽지 아니하면 한 알 그대로 있고 죽으면 많은 열매를 맺느니라

• 요한복음 12:23-24

만남에는 언제나 두 길이 있습니다. 큰 무리의 환호 속에서 일어나는 화려한 만남이 있습니다. 종려가지를 흔들며 예루살렘에 입성하시는 주님을 맞던 때가 그렇습니다. 나사로의 부활을 본 사람들은 메시아를 따르기만 하면 풍요와 명예의 열매를 얻을 것이라 기대했습니다. 그러나 그 기대는 하나님을 향한 소망이라기보다 자기 욕망을 향한 열망에 가까웠습니다.

반대로 지극히 초라해 보이는 만남도 있습니다. 성전에 올라온 몇몇 헬라인이 주님을 뵙고자 한 사건이 그렇습니다. 그들은 성전에서도 가장 바깥마당인 이방인의 뜰에만 머물 수 있었습니다. 그 뜰은 돈 바꾸는 자들과 장사꾼들로 가득 차 있어 기도의 숨조차 쉬기 힘든 자리였습니다. 그럼에도 그들은 자기 체면과 편의를 내려놓고, 멸시와 불편을 감수하며 하나님을 찾았습니다. 화려한 환호는 없었으나, 그 작은 발걸음 안에서 밀알의 길은 이미 열리고 있었습니다.

주님의 눈길은 환호하는 군중이 아니라 성전 바깥, 이방인의 뜰에 머물렀습니다. 주님의 마음은 성전을 "만민이 기도하는 집"으로 되돌리시는 데 있었습니다. 그 장면은 아마도 그 헬라인 몇 사람의 마음에 깊이 새겨졌을 것입니다. 그들은 제자 빌립을 찾아와 조

심스레, 그러나 간절하게 주님을 뵙기를 청했습니다. 바로 그때 주님께서 말씀하십니다. "인자가 영광을 얻을 때가 왔도다."

주님은 왜 수많은 유대인의 환호 앞에서는 영광을 말씀하시지 않고, 초라한 헬라인 몇 사람 앞에서 영광을 선포하셨을까요? 바로 참된 영광은 군중의 환호가 아니라 십자가의 길에서 드러나기 때문입니다. 곧이어 주님이 말씀하십니다. "한 알의 밀이 땅에 떨어져 죽지 아니하면 한 알 그대로 있고 죽으면(ἀποθάνῃ) 많은 열매를 맺느니라."

테오도로스는 이 장면을 이렇게 풀이합니다. 지금은 그분이 '한 알의 밀'처럼 작고 연약해 보일지라도 십자가의 수난을 통과하면 영광 가운데 들어 올려지며, 그 열매로 유대인뿐 아니라 온 세상이 그분을 주님이라 부르게 되리라는 뜻입니다. 영광은 박수에서 열리지 않습니다. 죽음과 썩음을 통과할 때 열리며, 그 자리에서 생명은 풍성히 결실을 맺습니다.

지금 우리의 자리는 어디입니까? 종려가지를 흔들며 욕망을 따라 환호하는 무리 한가운데입니까, 아니면 비록 작고 초라해 보여도 자신을 내어드리는 헬라인 몇 사람의 자리입니까? 복음의 길은 군중의 환호에서가 아니라 조용한 헌신에서 비로소 드러납니다. 한 알의 밀알이 되기를 주저하지 맙시다. 십자가의 죽음을 통과한 부활의 영광, 그 열매가 마침내 우리를 기다리고 있습니다.

PRAYER 주님, 제 욕망의 열매가 아니라 십자가의 열매를 구하게 하소서. 땅에 떨어져 썩어가는 밀알의 길을 두려워하지 않게 하시고, 그 길의 끝에서 부활의 생명을 보게 하소서. 제 삶이 주님을 위해 깨어진 향유병이 되어 세상 가운데 그리스도의 향기를 전하게 하소서. 예수님의 이름으로 기도합니다. 아멘.

그 빛이 있는 동안에 그 빛을 믿으세요

예수께서 이르시되 아직 잠시 동안 빛이 너희 중에 있으니 빛이 있을 동안에 다녀 어둠에 붙잡히지 않게 하라 어둠에 다니는 자는 그 가는 곳을 알지 못하느니라 너희에게 아직 빛이 있을 동안에 빛을 믿으라 그리하면 빛의 아들이 되리라

• 요한복음 12:35-36

우리는 삶의 길을 걸으며 두 가지 물음과 마주합니다. 하나는 설명될 수 있는 물음, 다른 하나는 끝내 설명될 수 없는 물음, 아무리 애써도 답이 닿지 않는 질문입니다. 부모의 갑작스러운 죽음, 자녀의 병, 사랑하는 이와의 이별 앞에서 우리는 설명의 경계에 이르고, 이성의 등불이 미치지 못하는 어둠의 가장자리를 절감합니다.

1956년, 에콰도르 정글의 강가에서 복음을 전하던 다섯 명의 젊은 선교사가 아우카족의 창에 쓰러졌습니다. 그러나 짐 엘리엇은 스물여덟 해의 짧은 생을 빛을 향해 걸었고, 죽음 너머에서도 그 빛을 증언했습니다. 몇 해 뒤, 그의 아내 엘리자베스가 딸을 안고 남편을 죽인 그들 곁으로 다시 들어갔을 때, 증오로 닫혀 있던 마음은 사랑 앞에서 무너졌고, 그 땅에도 복음의 빛이 스며들기 시작했습니다. 잠시 비친 빛이 영원한 빛을 향한 길을 연 것입니다.

본문의 무리도 묻습니다. "율법은 메시아가 영원하다 하였거늘 어찌 인자가 들려야 하느냐?" 그들에게는 십자가와 영원, 죽음과 승리가 서로 모순처럼 보였습니다. 그러나 주님은 십자가에 들어 올려진 그 자리에서 영원의 문을 여셨습니다. 땅에서 높임을 받은 바로 그 낮아짐이 하나님의 높이였고, 그 높임은 곧 부활과 승천의

시작이었습니다.

주님은 또 말씀하십니다. "아직 잠시 동안 빛이 너희 중에 있으니 그 빛을 믿어 빛의 아들이 되라." 오리게네스는 성자를 빛의 광채로 설명합니다. 광채가 빛에서 나오되 빛과 분리되지 않듯이, 성자는 성부로부터 나오셔서 모든 피조물을 비추신다는 것입니다. 우리는 이 광채를 통하여 빛 자체를 알게 됩니다. 연약하고 흐린 우리의 눈에 맞추어 자신을 부드럽게 낮추어주시는 이 광채는, 우리가 빛의 세기에 점차 익숙해지게 합니다. 시야를 가리는 것들을 덜어내어 마침내 빛의 영광을 받아들이게 합니다.

그러므로 빛은 탐구의 대상이 아니라, 직접 걸어 들어가야만 아는 임재입니다. 설명으로 얻는 것이 아니라, 순종하며 동행할 때 우리에게 비추어지는 은혜입니다. 인생의 무대는 잠시뿐입니다. 누군가는 긴 막을 살아가고, 누군가는 짧은 막에서 막을 내립니다. 그러나 주님은 우리의 짧은 막간 속에 영원의 빛을 비추십니다. 그 빛을 믿고 따를 때 우리는 어둠에 사로잡히지 않고, 빛의 자녀로 서게 됩니다.

이해보다 순종으로, 설명보다 동행으로…. 잠시 우리 곁에 머무는 빛이 우리를 빛의 자녀(υἱοὶ φωτός)로 빚습니다. 어둠과 설명되지 않는 질문들 한가운데에서도 우리는 이미 '답' 안에 서 있습니다. 그 답은 다름 아닌 예수 그리스도이십니다.

PRAYER 영원한 빛이신 주님, 잠시뿐인 삶의 무대 위에 당신의 빛을 비추어 주심을 감사드립니다. 설명되지 않는 물음들 한가운데에서 주님을 더 깊이 의지하게 하시고, 빛이 있는 동안 머뭇거리지 않고 담대히 걷게 하소서. 저를 빛의 자녀로 세우시고, 제 삶이 이웃을 비추는 작은 등불이 되게 하소서. 예수님의 이름으로 기도합니다. 아멘.

독일 음악의 아버지 하인리히 쉬츠

17세기, 사상자가 800만 명에 이를 만큼 처참했던 30년전쟁(1618-48)이 유럽을 휩쓸었습니다. 특히 독일 지역의 피해가 막심했습니다. 종교개혁 이후 유럽은 로마가톨릭교회를 지지하는 신성로마제국과 프로테스탄트 교회를 지지하는 나라로 극명하게 나뉘었습니다. 처음엔 종교적 갈등으로 시작된 적대 관계가 정치·경제적으로 비화해 점차 국가 간 영토 분쟁과 귀족들의 세력 다툼 등 인간의 추악한 욕심으로 변질되었습니다. 오랜 기간 벌어진 대규모 전쟁으로 피해를 본 건 결국 힘없고 무고한 양민들이었습니다.

독일 드레스덴에 이 30년전쟁을 고스란히 겪으면서도 꾸준히 음악활동을 이어간 이가 있었으니, 바로 '독일 음악의 아버지'라고 불리는 하인리히 쉬츠(Heinrich Schütz, 1585-1672)입니다. 그의 뛰어난 음악성은 100년 뒤에나 태어날 거장 바흐와 헨델에게도 음악적 초석이 될 만큼 영향력이 있었습니다.

30년전쟁은 누구에게나 참혹한 기억을 남겼습니다. 드레스덴 궁정에서 같이 일하던 동료 중에는 굶주림에 허덕이며 빵을 구걸하거나, 음악을 그만두고 다른 일을 찾아 떠나는 사람들도 있었습니다. 그렇게 사랑하는 사람들을 떠나보내야 했던 쉬츠는 굴하지 않고 언젠가 찾아올 평화를 갈구하며 예수 그리스도의 부활을 노래했습니다.

그의 음악적 특징은 화려하기보다 단순하고 절제되어 있습니다. 그리고 전쟁의 포화 속에서도 평온을 잃지 않고 잔잔함을 유지하고 있습니다. 하지만 힘과 분명한 메시지가 있습니다. 사실 그의 이름은 우리에게 그리 익숙하지 않지만, 그의 작품 중에 사순절을 지나는 동안 깊은 울림을 주는 곡이 하나 있습니다. 예수님이 십자가 처형 순간에 남기신 일곱 말씀을 노랫말로 하는 오라토리오 〈십자가 위의 마지막 일곱 말씀〉입니다. 이 곡은 30년전쟁의 말미에 만들어졌습니다. 전쟁으로 인한 절망과 폐허가 곧 희망으로 이어진다는 믿음이 그에게 각인되어 있었던 모양입니다.

어쩌면 예수님이 하나님 아버지께 자신을 맡기고 마지막 숨을 거둘 때 "다 이루었다." 하신 말씀처럼 쉬츠 그 역시 작품을 완성하고 난 뒤 "다 이루었다."라고 고백했을지도 모를 일입니다. 예수님의 마지막 일곱 말씀이야말로 영적으로 고난받아 허덕이는 우리를 향해 두 팔 벌려 안아주시는 평화와 위로의 손짓입니다.

유튜브에서 듣기
하인리히 쉬츠 〈십자가 위의 마지막 일곱 말씀〉
https://bit.ly/49CmsZ5

03/16
23일

그대들의 발을 씻어주었으니

내가 주와 또는 선생이 되어 너희 발을 씻었으니 너희도 서로 발을 씻어 주는 것이 옳으니라 내가 너희에게 행한 것 같이 너희도 행하게 하려 하여 본을 보였노라
• 요한복음 13:14-15

사복음서에서 오직 요한복음만이 세족을 기록합니다. 마태·마가·누가는 최후의 만찬 자리에서 떡과 잔의 말씀 곧 성만찬 제정을 들려주고, 요한은 같은 밤 같은 자리에서 제자들의 발을 씻기신 이야기를 들려줍니다. 이는 둘이 갈라진 사건이 아니라, 한 복음의 두 면을 보여주는 것입니다. 떡과 잔은 주님의 몸과 피를 먹는 은혜요, 세족은 그 몸과 피를 내어주실 손으로 우리 발을 씻어주시는(νίπτω) 은혜입니다. 하늘의 은총이 허리를 굽혀 발끝에 닿을 때, 복음은 표상에 머물지 않고 우리의 살결과 먼지 속으로 스며듭니다.

주님은 저녁상에서 일어나 겉옷을 벗고 수건을 허리에 두르셨습니다. 이는 단순히 겸손을 보여주는 본보기가 아니었습니다. 못 박히실 그 손으로 제자들의 발을 씻으심으로써, 피와 살의 은혜가 우리의 가장 낮은 일상의 발걸음 속까지 스며든다는 것을 보여주셨습니다. 주님의 손길 곧 십자가의 손길이 발가락 사이에 낀 먼지까지 깊숙이 닿아야 했습니다. 그때 비로소 복음은 상징을 넘어 우리를 씻기는 살아 있는 씻김이 됩니다.

베드로는 이 일을 도무지 받아들이지 못했습니다. 주님은 단호히 응답하셨습니다. "내가 너를 씻어 주지 아니하면 네가 나와 상관이 없느니라." 신앙의 본질은 내가 주님의 발을 씻어 드리는 공

로에 있지 않습니다. 내 발을 내밀어 그분의 씻김을 받아들이는 겸손한 수용에 있습니다. 그래서 주님은 덧붙이셨습니다. "이미 목욕한 자는 발밖에 씻을 필요가 없느니라." 목욕은 단번에 이루어지는 구원의 은혜요, 발 씻김은 날마다 회개로 새롭게 되는 정결입니다. 한 번의 은혜로 생명을 얻고, 날마다의 씻김으로 그 생명의 주님과 동행하는 친밀함을 지켜갑니다.

밀은 베이고 방앗간에서 으깨지며 뜨거운 불을 지나 마침내 빵이 됩니다. 발을 씻는 사랑도 마찬가지입니다. 허리를 굽히고 무릎을 꿇어야 상대의 발을 씻어줄 수 있습니다. 성찬과 세족은 둘이 아니라 하나입니다. 떡과 잔으로 나누신 몸과 피가, 굽힌 허리와 젖은 수건을 타고 우리의 살결에 닿아 흘러갑니다.

주님은 이렇게 말씀하셨습니다. "내가 너희 발을 씻었으니 너희도 서로의 발을 씻어라." 암브로시우스는 이 대목을 이렇게 말했습니다. "겸손의 신비는 선합니다. 남의 더러움을 씻어주는 동안 내 더러움도 함께 씻깁니다. 그러나 이 신비를 누구나 알아보는 것은 아닙니다." 주님께 되돌려드릴 수 없는 은혜는 곁의 형제자매를 향한 섬김으로 흘러갈 때 온전히 열매 맺습니다. 성찬이 입술로 받는 은혜라면, 세족은 손으로 나누는 은혜입니다. 사순절의 길은 내 발만 닦는 경건에 머무르지 않고, 서로의 발을 씻어주는 순종으로 나아가는 길입니다. 그리고 그 길 끝에서 주님은 약속하십니다. "너희가 이것을 알고 행하면 복이 있으리라."

PRAYER 주님, 부끄러운 제 발을 숨기려 할 때마다 허리를 굽혀 씻기시는 주님을 기억하게 하소서. 받은 은혜를 따라 이웃의 발을 씻어주게 하시고, 제 섬김으로 주님의 사랑을 드러내게 하소서. 예수님의 이름으로 기도합니다. 아멘.

03/17
24일

주님, 그가 누구입니까

예수께서 이 말씀을 하시고 심령이 괴로워 증언하여 이르시되 내가 진실로 진실로 너희에게 이르노니 너희 중 하나가 나를 팔리라 하시니… 그가 예수의 가슴에 그대로 의지하여 말하되 주여 누구니이까 • 요한복음 13:21, 25

유월절 만찬 자리에서 주님의 마음이 괴로우셨다고 성경은 말합니다. 여기서 '괴로우셨다'에 해당하는 단어 '타랏소'(ταράσσω)는 마치 잔잔하던 연못 수면이 갑자기 일렁이듯 가슴 깊은 곳이 요동하는 상태를 뜻합니다. 그 요동의 한가운데에는 한 사람, 가룟 유다가 있었습니다. 주님은 그를 끝까지 사랑하셨지만 유다는 마음을 굳게 닫았습니다. 그럼에도 주님은 폭로가 아니라 자비를 택하셔서 조용히 말씀하셨습니다. "너희 중 하나가 나를 팔리라."

그 순간 제자들은 서로를 바라보다가 마침내 자기 자신을 살폈습니다. "내니이까?" 믿음의 길을 걸어왔어도 가장 두려운 자리는 내 바깥이 아니라 내 안이었습니다. 크리소스토무스는 그 심리를 이렇게 짚습니다. 제자들은 자기 안에서 노골적인 사악함을 발견하지 못했지만, 자기 확신보다 주님의 말씀을 더 신뢰했기에 쉽게 마음 놓지 못했다는 것입니다. 주님이 특정인을 지목하지 않으시고 "너희 가운데 한 사람"이라 하셨기에 모두가 불안해진 것입니다. 서로를 보던 시선은 결국 각자의 양심을 향해 되돌아갔습니다.

그때 주님의 품에 기대어 있던 요한이 조심스레 속삭였습니다. "주여, 누구니이까?"(Κύριε, τίς ἐστιν) 주님의 대답은 이름이 아니라 떡 한 조각이었습니다. 식탁의 주인이 특별히 건네는 그 '떡 한 조각'(ψωμίον, 프소미온)을 주님은 끝까지, 아니 마지막까지 유다에게 내미셨습니다. 돌아오라는 마지막 은혜의 조각이었습니다. 그러나 유다가 그 떡을 받아 먹자 사탄이 그에게 들어갔습니다. 은혜를 거부해 마음이 비워질 때, 그 빈 자리는 결국 어둠이 차지합니다.

성경은 유다의 마음을 길게 해설하지 않았습니다. 다만 그 비극의 표지로 '은 삼십'을 남깁니다. 돈의 액수 그 자체가 아니라, 주님보다 자신을 더 귀히 여긴 마음의 저울이 드러난 것입니다. 처음에 그는 주님을 통해 자기 꿈을 이루려 했습니다. 그러나 어느 순간 주님의 비전이 그의 야망을 가로막자 사랑은 무너졌고, 그 빈자리에 배신이 들어섰습니다.

그럼에도 주님은 유다에게 친히 적신 떡 한 조각을 건네셨습니다. 심판이 아니라 돌아오라는 마지막 초대였습니다. 그러나 유다는 끝내 그 초대를 거부했고, 그때 주님은 말씀하셨습니다. "네가 하는 일을 속히 하라." 냉혹한 명령이 아니라, 더는 붙잡을 수 없게 된 한 영혼의 선택을 비통함 속에서 허락하시는 말씀이었습니다. 그리고 유다는 나갔습니다. 성경은 단호하게 한 줄을 더합니다. "밤이러라." 주님의 품을 떠난 길은 결국 밤이 됩니다.

사순절의 질문은 이것입니다. "주여, 누구니이까?" 그 한 사람이 혹시 나 자신은 아닌지. 은 삼십보다도 못한 욕망 때문에, 주님보다 나 자신을 더 사랑하여 그 품을 떠나는 어리석음이 내 안에는 없는지.

PRAYER 주여, 제 안에 숨은 유다를 비추어주소서. 은혜의 떡을 거절하지 않게 하시고, 주님의 품에 기대어 "내니이까?"라고 고백하는 자리에서 "주여, 제가 돌아옵니다."로 돌이키게 하소서. 밤의 길을 떠나 부활의 아침을 향해 걷게 하소서. 예수님의 이름으로 기도합니다. 아멘.

03/18

25일

새 계명을 그대들에게 줍니다

새 계명을 너희에게 주노니 서로 사랑하라 내가 너희를 사랑한 것 같이 너희도 서로 사랑하라 너희가 서로 사랑하면 이로써 모든 사람이 너희가 내 제자인 줄 알리라

• 요한복음 13:34-35

사순절의 길은 공동체 한가운데 드러나는 갈등을 피하지 않고, 그 자리에서 울려오는 주님의 말씀 앞에 서는 길입니다. 주님은 왜 유다와 베드로에게 그토록 준엄히 말씀하셨을까요? 그것은 단지 한 사람의 잘못을 꾸짖기 위함이 아니라, 제자공동체 전체를 흔들어 무너뜨리려는 시험 앞에서 모두를 깨우는 경종이었습니다.

먼저 유다는 겉사랑, 곧 겉으로만 사랑하는 길을 걸었습니다. 주님을 따르되 정치적 야망을 품었고, 뜻이 꺾이자 공동체 안에 은근한 분열의 틈을 만들었습니다. 떠나지 않은 채 남아 공동체의 숨결을 조금씩 병들게 했습니다. 그래서 주님은 떡 한 조각으로 마지막 기회를 내미셨으나, 그는 그 조각을 받고도 곧 나갔고, 성경은 뒤이어 간결히 기록합니다. "밤이러라." 사순절은 우리에게 묻습니다. 혹시 내 안에 유다의 그림자가 있어, 곁의 공동체에 어둠을 번지게 하는 마음을 품고 있지는 않은가.

다음으로 베드로는 속사랑, 곧 진실로 사랑하는 길을 걸었습니다. 누구보다 뜨거웠고, 주를 위해 목숨도 버리겠다고 고백했습니다. 그러나 주님은 말씀하셨습니다. "닭 울기 전에 네가 세 번 나를 부인하리라." 인간의 결단과 열정만으로는 공동체를 끝까지 지켜낼 수 없음을 드러내신 것입니다. 열정은 불꽃에 불과하지만, 끝

까지 붙들어주는 힘은 오직 주님의 사랑에서 옵니다.

그래서 주님은 새 계명을 주셨습니다. “서로 사랑하라 내가 너희를 사랑한 것 같이 너희도 서로 사랑하라.” 옛 계명은 “네 이웃을 네 몸과 같이 사랑하라”였습니다. 그러나 그 사랑의 출발점이 ‘나’라면 쉽게 고갈됩니다. 우리는 서로를 단지 감정과 호의로만이 아니라, 하나님께 속한 존재로 사랑해야 합니다. 사랑의 기준과 원천을 하나님께 두라는 뜻입니다. 바로 그렇기 때문에 새 계명의 출발은 ‘나’가 아니라 ‘주님’입니다. 주님이 먼저 사랑하셨기에 그 사랑이 그분에게서 우리로, 우리에게서 이웃으로 흘러갑니다. 이 새로움은 시간에 닳는 ‘네오스’(νέος)가 아니라, 성령 안에서 날마다 새로워지는 ‘카이노스’(καινός)입니다. 주님의 사랑이 원천이 되고, 우리는 그 강물에 이어진 작은 지류가 되어 흐릅니다.

사순절은 새 계명을 몸으로 훈련하는 때입니다. 주님의 사랑이 우리의 배신과 상처까지 덮으셨듯이 우리 또한 그 사랑의 통로가 되어야 합니다. 닭 울음이 들릴 때마다 베드로가 자기 눈물을 떠올렸듯, 우리는 새벽마다 주님의 용서를 기억해야 합니다.

키릴루스의 말처럼 주님은 자신보다 우리를 더 사랑하셨기에 우리의 비천함에까지 내려오셨습니다. 그 새로운 사랑 앞에서 공동체를 갈라놓던 이기심은 모두 해체됩니다. 사순절은 묻습니다. 나의 사랑이 아니라, 십자가에서 부어주신 새 계명의 사랑으로 살고 있는지요?

PRAYER 주님, 제 안에 부어주신 주님의 사랑이 메마르지 않고 흘러넘쳐 공동체를 살리고 교회를 세우게 하소서. 그 사랑이 날마다 새로워져 제 삶의 길이 되게 하소서. 예수님의 이름으로 기도합니다. 아멘.

내가 가는 곳으로 이끄는 그 길을

내가 어디로 가는지 그 길을 너희가 아느니라 도마가 이르되 주여 주께서 어디로 가시는지 우리가 알지 못하거늘 그 길을 어찌 알겠사옵나이까 예수께서 이르시되 내가 곧 길이요 진리요 생명이니 나로 말미암지 않고는 아버지께로 올 자가 없느니라

• 요한복음 14:4-6

사순절의 밤, 도마와 주님의 대화는 어긋난 두 음성처럼 들립니다. "내가 어디로 가는지 그 길을 너희가 안다." 그러나 도마는 따져 묻습니다. "어디로 가시는지도 모르는데, 그 길을 어떻게 압니까?" 주님은 그 목적지를 자세히 보여주지 않으십니다. 대신 단 한 문장으로, 우리가 펼쳐 들고 있던 모든 지도를 접어 버리십니다. "내가 곧 길이요 진리요 생명이다."

도마의 근본적 한계는 '어디로'(ποῦ)라는 좌표에 마음을 고정한 데 있었습니다. 그러나 신앙의 본질은 끝을 미리 아는 데 있지 않고, 주님 안에 머무는 데 있습니다. 길은 주님에게서 흘러나오며, 우리가 주님 안에 거할 때 이미 길 위에 서 있는 것과 같습니다. 도마는 목적지를 알아야 길을 안다고 여겼지만, 주님은 그 인간적 논리를 깨뜨리십니다. 길은 단순한 과정이 아니라 인격이시며, 목적 또한 어떤 장소가 아니라 주님 그 자신이십니다. 아우구스티누스가 짚었듯 주님은 "너희가 그 길을 안다."라고 말씀하셨고, 도마는 "우리가 알지 못하거늘."이라고 대답했으나 사실은 이미 알고 있었습니다. 다만 자기가 안다는 사실을 알지 못했을 뿐입니다.

우리는 자주 도마를 닮습니다. '어디로'를 묻고, 끝과 결과에 집

착합니다. 그러나 하나님은 사랑으로 목적지를 미리 다 보여주지 않으십니다. 종착지는 숨기시되 길은 한 걸음씩만 비추십니다. 그래서 우리는 길 없는 광야를 지나도 구름기둥과 불기둥처럼 말씀과 성령이 앞서가심을 봅니다. 홍해에는 길이 없었으나 은혜가 길을 터 주었고, 십자가는 길 없음의 세계 위에 유일한 길로 새겨졌습니다.

힐라리우스는 길이요 진리요 생명이신 분께서 우리를 샛길과 거짓과 죽음의 미혹에 버려두지 않으신다고 말했습니다. 길이신 그분은 우리를 진리로 인도하시고, 진리이신 그분은 우리를 생명 안에 굳게 세우십니다.

사순절은 이 길을 배우는 때입니다. 끝을 알려달라 조급해하기보다 길이신 주님을 신뢰하며 묵묵히 걷는 계절입니다. 엔도 슈사쿠의 『침묵』이 말하듯 신앙은 때로 "아무것도 바라지 않는 마음"으로, 때로 "끝내 버릴 수 없는 마음"으로 남습니다. 버려진 듯한 고독의 한가운데에서도 주님은 당신 자신이 곧 길이심을 드러내십니다. 우리가 남기는 발자국이 목적지를 밝혀주지는 못해도, 주님 안에 머무는 순간 그 길은 이미 아버지께 닿습니다.

그러므로 오늘 우리의 물음은 바뀌어야 합니다. '어디로'가 아니라 '누구 안에 있는가.' 내가 주님 안에 있다면, 목적지가 어디인지 알지 못해도 이미 그 길 위에 서 있는 것입니다. 사순절의 여정은 목적지를 아는 지식이 아니라, 길이신 주님을 따르는 신뢰로 이루어집니다.

PRAYER 길 되신 주님, 도마처럼 끝을 따져 묻는 조급함에 갇히지 않게 하소서. 주님 안에 머물러 한 걸음씩 순종하게 하시고, 십자가의 좁은 길을 담대히 따르게 하소서. 목적이 아니라 주님을 신뢰하는 믿음으로 이 사순절을 살게 하소서. 예수님의 이름으로 기도합니다. 아멘.

내가 하는 일보다 더 큰 일도 할 겁니다

너희가 내 이름으로 무엇을 구하든지 내가 행하리니 이는 아버지로 하여금 아들로 말미암아 영광을 받으시게 하려 함이라 내 이름으로 무엇이든지 내게 구하면 내가 행하리라

• 요한복음 14:13-14

주님은 제자들에게 약속하셨습니다. "나를 믿는 자는 내가 하는 일을 그도 할 것이요 또한 그보다 큰 일도 하리니." 여기서 '더 큰 일'은 바다를 잠재우고 병을 고치는 기적을 되풀이하는 능력의 재현이 아니라, 잃어버린 이가 복음으로 돌아오는 구원의 사건을 가리킵니다. 육신의 회복이나 악한 영의 물러감보다 크고 오래가는 일은 한 영혼이 아버지의 품에 안기는 일입니다. 주님은 바로 그 일을, 자신의 이름으로 기도하는 교회에 맡기셨습니다.

또한 주님은 고난에 동참하는 차원에서 더 '큰 일'을 여셨습니다. 제자들은 순교의 길을 걸었습니다. 여기서 "주님보다 더 큰 일"의 의미는 전능의 과시가 아니라, 연약한 우리가 그분을 따라 자기 십자가를 지는 사건입니다. 꼴찌 같던 인생이 섬김을 시작하는 것, 죄인이던 우리가 사랑의 한 걸음을 내딛는 것−바로 거기에 하늘이 주목하는 더 큰 일이 있습니다.

그렇다면 그 길은 어떻게 열립니까? 주님은 이렇게 답하십니다. "너희가 내 이름으로 무엇을 구하든지 내가 행하리니." 여기에서 '예수님의 이름으로'는 기도 마지막에 붙이는 관용구나 주문처럼 쓰는 말이 아니라, 그분의 성품과 뜻에 나를 맞추겠다는 서약입니다. 내 욕망을 신령하게 포장하는 꼬리표가 아니라, 주님의 마음

과 일치하기를 구하는 영적 기준입니다.

아우구스티누스는 이렇게 말합니다. “주님은 우리가 구한 것을 들어주실 때도, 들어주시지 않을 때도 여전히 우리의 구원자이십니다.” 의사가 환자에게 해가 될 청을 허락하지 않듯 주님은 우리의 구원에 해로운 것은 거절하시고 가장 알맞은 때를 기다려 응답을 미루시기도 합니다. 거절이 아니라 유익을 위한 유예입니다. 참된 기도는 “내 뜻을 이루소서.”가 아니라 “주님의 뜻대로 하소서.”로 기울어 갑니다. 그 기울어짐 속에서 길이 열립니다.

사순절은 우리의 기도를 점검하는 때입니다. 우리는 무엇을 구합니까? 남보다 높아지려는 마음입니까, 아니면 주님의 마음에 합한 겸손과 사랑입니까? 참된 기도는 주님의 이름(ὄνομα)으로도 합당한, 곧 그분의 성품과 어긋나지 않는 간구입니다. “아버지, 내 원대로 마옵시고 아버지의 원대로 하옵소서.” 겟세마네의 기도야말로 모든 기도의 표준입니다. 욕망을 밀어붙이는 말이 아니라, 뜻을 맞추어 내려놓는 순종의 언어입니다. 거기서 우리의 청원은 주님의 사명과 한 음이 되고, 하나님은 그 음에 응답하십니다.

혹 우리의 기도가 멈춘 까닭은, 그 내용이 예수님의 이름으로는 차마 올릴 수 없는 것이기 때문은 아닐까요? 사순절의 골방에서 욕망의 청원을 내려놓고, 주님의 이름으로 올려도 부끄럽지 않은 기도로 나아갑시다. 그때 기도는 단순한 응답을 넘어 생명을 살리고 세상을 일으키는 ‘더 큰 일’이 됩니다.

PRAYER 주님, 우리의 기도가 욕망의 메아리가 아니라 주의 이름에 합당한 향기가 되게 하소서. 사순절의 골방에서 주님을 우러러보게 하시고, 그 기도 안에서 잃은 자의 귀환과 상한 자를 만지시는 주님의 치유, 주님이 약속하신 더 큰 일을 보게 하소서. 예수님의 이름으로 기도합니다. 아멘.

03/21
28일

내 안에 머물러 있으세요

나는 포도나무요 너희는 가지라 그가 내 안에, 내가 그 안에 거하면 사람이 열매를 많이 맺나니 나를 떠나서는 너희가 아무 것도 할 수 없음이라 • 요한복음 15:5

인생은 만남과 이별이 교차하는 긴 포도밭 길을 걷는 것 같습니다. 한때 평생을 약속한 벗들도 세월 속에 흩어지고, 오랜만의 재회마저 짧은 안부로 스쳐 지나갑니다. 돌아서며 문득 깨닫습니다. 젊은 날 서로에게 '빛나는 열매'를 약속했지만, 정작 지금 내 가지에는 내어 보일 열매가 얼마나 있는지 말입니다.

이스라엘의 포도밭은 척박한 흙 위에 세운 땀의 성소였습니다. 농부는 돌을 골라내고 울타리를 두르며 포도나무(ἡ ἄμπελος)를 지켰지요. '나무'라 불렸지만, 실은 연약한 넝쿨 하나였습니다. 그 자리에서 주님은 자신을 참 포도나무라, 우리를 가지로—더 나아가 친구로—부르십니다. 권세의 표상 대신 '연결'의 비유를 택하신 이 호칭들 속에 고스란히 우리를 자녀로 품으시는 하나님의 마음이 배어 있습니다. 암브로시우스는 이렇게 말합니다. 십자가에 매달리신 그리스도에게서 피와 물이 흘러나왔기에 포도나무와 포도의 비유는 성찬의 은혜로 이어진다고.

포도나무이신 주님은 '가지'(κλῆμα)의 모양이 같지 않음을 가르치십니다. 어떤 가지는 탐스러운 열매를 달지만, 어떤 가지는 흙먼지 속에 처져 있습니다. 그렇다고 곧장 잘려 나가지는 않습니다. 농부는 몸을 낮추어 그 가지를 들어 올리고(αἴρει), 다듬어 깨끗하게 하며(καθαίρει), 다시 햇빛 아래로 세웁니다. '징계'로 보아온 손

길은 아픈 듯하지만, 버림이 아니라 살리려는 사랑입니다.

반대로 열매가 조금 있어도 자아가 우거지면 빛이 가려집니다. 농부는 예리한 손길로 가지를 덜어냅니다. 징계가 죄의 흐름을 멈추는 것이라면, 가지치기는 자아를 비우는 훈련입니다. 상처가 지나간 자리에는 더 깊이 숨 쉬는 가지와 더 싱싱한 열매가 남습니다.

키릴루스는 고백합니다. "포도나무 가지를 치는 일은 고통 없이 이루어질 수 없습니다. 덕을 사랑하시는 하나님은 고통과 환난을 통해 우리를 가르치십니다. 열매 맺는 이에게 약간의 고통을 주심으로써 오히려 더 많은 꽃과 열매를 맺게 하시는 가지치기입니다."

사순절의 길은 들어 올림과 가지치기, 그리고 마침내 열매가 드러나는 과정입니다. 화려하지 않습니다. 가지는 연약하지만, 그 약한 가지를 타고 흐르는 수액이 열매를 빚어낼 때 열매 한 송이만으로도 세상을 기쁘게 합니다. 우리는 실패와 결핍의 틈 사이로 하나님을 더듬지만, 주님은 부러진 가지와 얽힌 공동체를 통해서도 열매를 맺게 하십니다. 번듯한 대과(大果)가 아니라, 피와 눈물이 스민 작은 포도알–그래서 오히려 가장 좋은 열매입니다. 신앙은 성공담의 증언이라기보다 끝내 버려지지 않는 머묾입니다. 가지가 줄기에 붙어 있기만 하면 농부는 그 가지를 끝내 놓지 않습니다. 사순절은 곧 이 머묾의 시간입니다. 비결은 한 가지입니다. 주님 안에 거하는 것입니다.

PRAYER 주님, 흙먼지에 묻힌 저를 들어 올려주소서. 무성해진 자아를 단호히 덜어내어 깨끗하게 하시고, 연약한 가지이오나 십자가를 지나 성령의 열매를 맺게 하소서. 제 삶의 결마다 주님의 보혈이 스며들게 하소서. 예수님의 이름으로 기도합니다. 아멘.

마가의 다락방에 임재하신 그 주님께

한국YMCA전국연맹 사무총장 **김경민**

거룩하신 하나님, 사순절의 깊은 침묵 가운데 우리를 다시 기도의 자리로 부르시는 주님 앞에 섭니다. 이 시간 우리가 과거의 사건을 회상하는 데 머무르지 않고 오늘 이 시대를 향한 주님의 뜻을 분별하게 하옵소서.

주님, 마가의 다락방에 임하신 성령의 사건을 기억하게 하옵소서. 그 자리는 승리의 확신에 찬 공간이 아니라 세상으로부터 밀려나 벼랑 끝에 몰린 이들이 체포와 죽음의 공포 앞에서 주님의 임재를 간절히 구하며 모인, 연약한 민중들의 결사였음을 잊지 않게 하옵소서.

권력도, 안전도, 미래에 대한 보장도 없이 오직 약속 하나만 의지해 숨죽여 기도하던 그들 가운데 성령께서 강림하셨음을 기억합니다. 주님의 임재는 그저 현실을 회피하게 하는 위로가 아니라 두려움을 넘어 세상으로 다시 나아가게 하는 부활의 능력이었음을 고백합니다.

주님, 오늘의 세상은 전쟁의 소문으로 가득 차 있습니다. 끝없이 반복되는 폭력과 증오의 언어, 기후 위기로 흔들리는 삶의 터전, 심화되는 양극화 속에서 무너지는 존엄, 급속도로 성장하는 인공지능의 도래 앞에서 많은 이가 불안과 위협 속에 서 있습니다. 미래를 설계하기보다 미래를 두려워하도록 강요받는 이 세대 위에 주님, 다시 성령으로 임하여 주옵소서. 마가의 다락방에 임재하신 바로 그 성령께서 오늘, 특별히 청년들 가운데에 평화와 용기를 불러일으키는 능력으로 함께하여 주옵소서.

성령 하나님, 현실을 부정하지 않되 압도되지 않게 하시고, 불안을 외면하지 않되 절망에 머무르지 않게 하옵소서. 부활하신 주님을 증언하도록 제자들을 일으키신 그 능력으로 오늘의 우리 또한 책임 있는 주체로, 깨어 있는 증인으로 세워주옵소서.

우리가 성령의 임재를 추상적으로 말하지 않게 하시고, 고난의 역사 한복판에서 다시 생명을 선택하게 하는 힘으로 성령 하나님을 경험하게 하옵소서.

주님, 마가의 다락방에서 시작된 성령의 불길이 이 시대의 두려움과 불안을 뚫고 나아가 새로운 공동체와 새로운 시대를 향한 비전으로 퍼져가게 하옵소서. 십자가 고난 안에서 부활의 소망을 품고 생명 길을 이어왔던 믿음의 전통이 사순절 성령의 강림으로 되살아나기를 소망합니다.

성령의 임재를 간구하며 세상 끝자락에 서 있는 민중들의 고난 속에 지금도 함께하시는 예수 그리스도의 이름으로 기도합니다. 아멘.

세상이 그대들을 미워하거든

세상이 너희를 미워하면 너희보다 먼저 나를 미워한 줄을 알라 너희가 세상에 속하였으면 세상이 자기의 것을 사랑할 것이나 너희는 세상에 속한 자가 아니요 도리어 내가 너희를 세상에서 택하였기 때문에 세상이 너희를 미워하느니라

• 요한복음 15:18-19

예수님을 믿는 우리는 마음 한편에 이런 바람을 품기 쉽습니다. 믿음을 지키면 복을 받고, 세상에서도 존경과 사랑을 받으며 살 수 있으리라는 기대 말입니다. 그러나 주님은 이렇게 말씀하셨습니다. "세상이 너희를 미워하면 너희보다 먼저 나를 미워한 줄을 알라."

주님은 두 개의 선(線)을 그려 보여주십니다. 하나는 '연결선'(連結線)입니다. 헌신과 나눔이 고난당한 이들에게 은혜로 닿을 때, 예루살렘교회가 재산을 통용하며 서로를 살렸던 것처럼, 연약한 이들의 마음에서 감사와 찬양이 피어납니다. 그러나 다른 하나는 '한계선'(限界線)입니다. 배부른 자, 권세 잡은 자들은 교회를 조롱하고 핍박합니다. 그들은 은혜가 필요 없다고 여기기에, 교회의 사랑이 초대가 아니라 불편한 도전으로 느껴지기 때문입니다.

오늘날도 다르지 않습니다. 우리가 아무리 세상과 화평을 도모해도 믿는 이와 믿지 않는 이 사이에는 완전히 지워지지 않는 경계가 남습니다. 세상은 하나님을 배제하려는 질서 위에서 굴러가고, 택함을 입은 자(ἐκλεκτός)는 그 질서에 동화되어 오래 머물 수 없습니다.

주님께 붙들린 사람은 세상의 리듬에 편안히 안착할 수 없습

니다. 크리소스토무스가 말하듯 주님은 "세상이 너희를 미워하는 바로 그 사실이 너희가 선하다는 증거"임을 일깨우시며 제자들을 위로하십니다. 만일 세상이 우리를 사랑한다면, 우리가 비뚤어진 쪽으로 기울어졌다는 표지일 수 있기에 오히려 두려워할 일입니다.

사도 베드로는 고난의 결을 분별하게 합니다. 죄가 불러온 고난이 있고, 죄가 아닌데도 부당하게 겪는 애매한 고난이 있으며, 오직 믿음 때문에 감당하는 고난이 있습니다. 주님은 마지막 고난, 곧 그리스도의 고난에 참여하는 길로 우리를 부르십니다. 그래서 사울을 부르실 때 주님은 "네가 어찌하여 나를 핍박하느냐."라고 말씀하셨습니다. 제자의 고난이 곧 주님의 고난이기 때문입니다.

키릴루스는 이렇게 권면합니다. "그대를 높여야 할 이유를 찾으려 하지 마십시오. 우리를 위해 굴욕을 겪으신 주님의 상황을 수치로 여기지 마십시오." 세상이 업신여기는 바로 그 자리가, 실은 주님이 함께 서 계신 자리입니다.

사순절은 이 진실을 다시 새기는 시간입니다. 우리가 흘리는 눈물이 우연한 불운이나 실패에서 비롯된 것이 아니라, 주님 때문에 흘린 눈물일 때 그 눈물은 씨앗이 되어 언젠가 열매로 돌아옵니다. 평탄함만을 구하면 영혼은 사막이 되지만, 고난 속에서 흘린 눈물은 내면의 땅을 기름지게 적십니다. 조롱과 외로움 한가운데서도 주님은 우리를 잊지 않으십니다. 십자가의 길 위에서만 피어나는 계절–그 계절이 바로 사순절입니다.

PRAYER 주님, 주님 때문에 세상이 저를 미워해도 따름을 멈추지 않게 하소서. 고난 한가운데에서 성령의 위로를 누리게 하시고, 흘리는 눈물이 헛되지 않아 열매로 맺히게 하소서. 마침내 십자가의 주님 한 분만 끝까지 굳게 붙들게 하소서. 예수님의 이름으로 기도합니다. 아멘.

나야말로 그대들에게 진실을 말합니다

그러나 내가 너희에게 실상을 말하노니 내가 떠나가는 것이 너희에게 유익이라 내가 떠나가지 아니하면 보혜사가 너희에게로 오시지 아니할 것이요 가면 내가 그를 너희에게로 보내리니 그가 와서 죄에 대하여, 의에 대하여, 심판에 대하여 세상을 책망하시리라

• 요한복음 16:7-8

사람은 마음에 가득한 것을 말합니다. 뿌리가 열매로 드러나듯, 말은 마음의 거울이지요. 그 앞에서 주님은 선언하십니다. "그러나 내가 너희에게 실상을 말하노니." 허상의 그림자에 매달리기 쉬운 우리에게 주님은 눈앞의 형편을 넘어서는 참된 실상(ἀλήθεια)을 비추어주십니다.

우리는 사랑과 진리를 말하면서도 사랑의 허상과 자기 환상에 자주 속습니다. 눈은 떠 있으나 마음의 시력은 끊임없이 착시에 흔들립니다. 그래서 죄와 의와 심판조차 내 기준으로 재단해버립니다. 그러나 주님은 약속하십니다. "보혜사 성령이 오셔서 그 착시를 깨뜨리시고, 죄와 의와 심판에 대하여 세상을-그리고 너희 자신을-드러내어 책망하시므로, 비로소 실상을 보게 하시리라."

먼저 주님은 죄의 실상을 드러내십니다. "죄란 곧 나를 믿지 아니함이라." 과녁 한가운데를 벗어난 화살은 9점이든 8점이든 결국 중심을 놓친 것이듯, 인생도 중심을 잃으면 어떠한 성취도 의미를 잃습니다. 우리의 화살은 자주 엇나가지만, 주님은 그 빗나간 화살을 버려두지 않으십니다. 허공에 흩어진 줄 알았던 화살을 붙들어 다시 시위에 얹으시고, 참된 과녁이신 자신을 향해 곧게 돌려세우

십니다.

그렇다면 의의 실상은 무엇입니까? 주님은 말씀하십니다. "내가 아버지께로 가니 너희가 다시 나를 보지 못함이라." 주님이 아버지께로 가심은 그 의가 하나님 앞에서 확증된 표지이니, 믿음은 보이는 증거가 아니라 보이지 않는 실상을 붙듭니다. 십자가와 부활을 눈으로 본 적은 없으나 성령이 그 진실을 마음 깊이 새기시니, 그 자리에서 의의 실상이 오늘도 우리 안에 드러납니다. 아우구스티누스는 성도의 삶이 왜곡된 의를 책망한다고 했습니다.

의의 실상이 교회 안에서 증거될 때, 심판의 실상도 함께 드러납니다. 주님은 빌라도 앞에서 죄인처럼 정죄를 받으셨지만, 심판의 주권은 세상 법정이 아니라 주님께 있었습니다. 세상의 심판은 허상에 불과하고, 역사의 주인은 하나님 한 분이시기 때문입니다. 인간 법정에서 무죄 판결을 받아도 하나님 앞에서는 죄인일 수 있고, 사람에게 유죄 선고를 받아도 하나님 앞에서는 의롭다 하심을 받을 수 있습니다. 실상은 언제나 하나님의 판단 속에만 있습니다.

사순절은 허상에 취한 우리를 깨우는 계절입니다. 성령께서 죄로 빗나간 화살을 바로잡고, 주님의 의를 향해 흔들린 시선을 고정하며, 심판을 재는 왜곡된 잣대를 교정하십니다. 그러나 그 과정은 화려하지 않습니다. 실패와 허무를 지나 묵묵히 기다릴 때 우리는 비로소 실상의 빛을 마주합니다. 주님은 허상으로 가득한 마음을 내버려두지 않으시고 끝내 우리를 진실의 자리로 불러내십니다.

PRAYER 주님, 허상에 매달린 저를 불쌍히 여기소서. 빗나간 화살 같은 제 마음을 붙드셔서 보이지 않는 실상의 자리로 이끄소서. 죄와 의와 심판을 성령 안에서 바로 보게 하시고, 사순절의 고요한 기다림 속에서 참된 실상의 빛이신 주님께 이르도록 인도하소서. 예수님의 이름으로 기도합니다. 아멘.

지금은 그대들이 감당할 수 없더라도

내가 아직도 너희에게 이를 것이 많으나 지금은 너희가 감당하지 못하리라 그러나 진리의 성령이 오시면 그가 너희를 모든 진리 가운데로 인도하시리니 그가 스스로 말하지 않고 오직 들은 것을 말하며 장래 일을 너희에게 알리시리라

• 요한복음 16:12-13

우리는 주님을 믿고 따른다고 고백하면서도 기도의 응답이 들리지 않는 긴 침묵의 시간을 자주 통과합니다. 그때마다 우리는 눈앞의 문제에 대한 대답을 듣고 싶지만, 주님은 아무 말씀도 하지 않으시는 듯합니다. 그러면 마음은 금세 흔들리고, 그 무언의 시간 속에서 더 깊은 불안이 자라납니다.

그러나 주님은 말씀하십니다. “내가 아직도 너희에게 이를 것이 많으나 지금(ἄρτι)은 너희가 감당하지 못하리라.” 주님은 응답을 아끼시는 분이 아니라, 우리가 아직 감당하지 못하기에 잠시 침묵을 택하시는 분입니다. 이 침묵은 방치가 아니라 준비입니다. 씨앗이 흙 속에 묻혀 있을 때 겉으로는 고요하지만 그 안에서 이미 뿌리가 자라나듯, 주님의 침묵 속에서도 아직 우리의 그릇이 담아내지 못할 은혜가 우리 안팎에서 조용히 자라나고 있습니다.

나지안주스의 그레고리우스는 이렇게 덧붙입니다. “말씀[이신 주님]께서는, 지금은 감당하지 못하지만 훗날 감당하게 되고, 마침내 밝히 드러날 것들이 있음을 넌지시 비추셨습니다.” 주님의 침묵은 비어 있음이 아니라, 장차 드러날 그 충만을 담아낼 넉넉한 그릇을 우리 안에 빚어가시는 시간입니다.

이철환의 소설 『연탄길』에는 자녀에게 눈을 이식해주려 미리 한쪽 눈으로 살아가는 연습을 하던 어머니가 나옵니다. 이 이야기는 우리에게 말합니다. 주님은 응답을 곧 주실 수 있으나, 우리가 그 말씀을 견디고 품을 만큼 자라기까지 기다리신다고 말입니다. 가장 깊은 어둠 뒤 새벽이 오듯, 주님의 침묵은 말씀의 무게를 담을 그릇을 빚는 시간입니다. 버려진 듯 홀로 서 있어도 우리는 보이지 않게 차곡차곡 준비됩니다.

성령께서는 바로 그 기다림의 자리에 찾아오십니다. 말씀을 통해 눈에 보이지 않는 길을 열어주시고, 깊은 물밑의 흐름처럼 우리의 마음을 조금씩 빚어가십니다. 성령이 오시면 어제까지는 도저히 견디지 못하던 무게를 서서히 짊어질 수 있게 됩니다. 예전에는 상한 자아조차 추스르지 못했으나, 이제는 말씀을 따라 주님의 뜻을 좇고, 성령의 도우심으로 타인을 품으며, 마침내 십자가의 무게까지 두 손으로 받아 안을 수 있게 됩니다.

사순절의 침묵은 실패의 공백이 아니라 은총을 품은 기다림입니다. 당장은 응답이 들리지 않아도 성령께서는 씨앗을 키우시고 새벽을 예비하시며 보이지 않는 길을 여십니다. 우리의 눈에는 가려져 있어도 물밑에서는 언제나 그분의 뜻이 우리를 붙들고 은혜가 흐릅니다. 흙 속의 씨앗이 때가 차면 싹을 틔우듯 부활의 시간 또한 우리를 향해 조용히 다가오고 있습니다.

PRAYER 주님, 침묵 속에서도 일하시는 주님을 신뢰합니다. 흔들릴 때마다 흙 속의 씨앗처럼, 새벽빛처럼, 물밑의 흐름처럼 제 삶을 빚으시는 성령의 손길을 보게 하소서. 사순절의 기다림 속에서 주님의 깊은 뜻을 감당할 그릇으로 저를 다듬어주옵소서. 예수님의 이름으로 기도합니다. 아멘.

그러나 내가 다시 그대들을 보게 될 겁니다

예수께서 그 묻고자 함을 아시고 이르시되 내 말이 조금 있으면 나를 보지 못하겠고 또 조금 있으면 나를 보리라 하므로 서로 문의하느냐 내가 진실로 진실로 너희에게 이르노니 너희는 곡하고 애통하겠으나 세상은 기뻐하리라 너희는 근심하겠으나 너희 근심이 도리어 기쁨이 되리라 • 요한복음 16:19-20

삶은 때로 끝이 보이지 않는 근심의 터널 같습니다. 고통은 설명 없이 밀려오고, 떠나간 이들의 빈자리는 좀처럼 채워지지 않습니다. 제자들도 그러했습니다. 주님이 곧 떠나신다는 말씀에 설명할 수 없는 슬픔이 그들을 삼켰습니다. 주님을 잃을지도 모른다는 두려움과 이미 시작된 핍박 속에서 마음은 허물어졌습니다.

그때 주님은 뜻밖의 한마디를 건네십니다. "조금 있으면 나를 보지 못하겠고 또 조금 있으면 나를 보리라." 제자들은 이 말을 이해하지 못해 서로의 얼굴을 바라보며 되묻습니다. 하나님의 시간은 우리의 계산과 다릅니다. 우리가 보지 못하는 그 짧은 시간에도 하나님은 새 생명을 준비하고 계십니다. 주님은 단호하면서도 다정하게 선언하십니다. 지금의 근심이 곧 기쁨으로 바뀔 것이라고. 그 '조금'(μικρόν)이라는 찰나 같은 시간 안에 십자가와 부활의 모든 신비가 응축되어 있습니다. 키릴루스의 말처럼 주님은 "슬픔을 더 뒤흔들지 않으시려 몇 마디 말씀만으로" 제자들을 위로하시며, 수난 뒤에 곧이어 따를 부활의 기쁨을 조용히 비추어주신 것입니다.

주님은 이 비밀을 해산의 비유로 풀어주십니다. 여인이 아이를 낳을 때의 진통은 죽음의 문턱을 넘나드는 듯하지만, 아이가 태어

나는 순간 그 진통은 지워지기보다 기쁨으로 바뀝니다. '고통 이후의 기쁨'이 아니라 '고통 자체가 기쁨으로 변하는 전환'입니다. 십자가의 상처가 부활 영광의 흔적이 되듯, 하나님의 백성에게 허락된 시련은 우리를 부수는 고통이 아니라 생명을 낳는 진통입니다.

역사의 증인들도 이 진리를 고백합니다. 주기철 목사의 막내아들은 옥중의 아버지를 단 3초, 그저 '잠깐' 마주하고 다시는 보지 못했습니다. 그러나 '또 조금 후에' 그는 아버지를 순교자의 얼굴로 다시 알아보게 되었습니다. 세월이 흘러 아들이 아버지의 나이가 되었을 즈음, 그 고문의 흔적은 더 이상 슬픔의 상처가 아니라 부활을 증언하는 표지로 마음에 새겨졌습니다. 아버지를 잃은 근심이 믿음을 잇는 기쁨으로 바뀐 것입니다.

지금 우리를 짓누르는 고통이 아무리 깊어도 그것은 영원한 절망의 무덤으로 끝나지 않습니다. 제왕절개 흉터가 사랑의 상처이자 흔적으로 남듯, 우리의 상처도 장차 부활을 증언하는 표지가 될 것입니다. 고통은 끝없는 밤처럼 길어 보여도 결국 '잠깐'일 뿐이며, 그 잠깐이 지나면 부활의 빛은 반드시 우리를 찾아옵니다.

오늘의 근심은 헛되지 않습니다. "너희 근심이 도리어 기쁨이 되리라." 이 약속을 붙드는 자는 눈물 뒤의 기쁨을 거둘 것입니다.

PRAYER 주님, 짧은 어둠을 지나 부활의 새벽을 보게 하소서. 근심은 기쁨으로, 침묵은 찬송으로 변하는 아침을 보게 하소서. 예수님의 이름으로 기도합니다. 아멘.

아버지 곁에서 누리던 그 영광으로

아버지여, 창세 전에 내가 아버지와 함께 가졌던 영화로써 지금도 아버지와 함께 나를 영화롭게 하옵소서 • 요한복음 17:5

우리는 한 생을 건너며 셀 수 없이 많은 얼굴을 만납니다. 그러나 마지막 순간 마주할 눈빛은 어떤 것일까요? 수많은 길을 지나왔어도 내가 마지막으로 눕게 될 자리는 어디일까요? 지금은 알 수 없습니다. 다만 분명한 것은 인생의 끝에는 마지막 만남과 마지막 자리가 우리를 기다리고 있다는 사실입니다. 기도도 그렇습니다. 어린 시절 우리는 식탁 아래에서 두 손 모아 "주님, 잘 먹겠습니다."라고 속삭일 때도 있었고, 피곤에 겨워 흐트러진 기도를 드리기도 했습니다. 그러나 결국 우리는 인생의 끝자락에서 한 번의 고별기도 앞에 서게 됩니다.

예수님의 생애에도 마지막 기도가 있었습니다. '대제사장의 기도'입니다. 십자가를 앞두고 주님은 눈을 들어 하늘을 우러러 기도하셨습니다. 우리의 기도는 대개 땅을 향하고, 내 문제에 매입니다. 그러나 주님의 마지막 기도는 하늘 곧 아버지가 계신 곳을 향했습니다. 아버지가 있는 자녀는 넘어지면 '아빠'를 부르며 울고, 아버지께 기대지 못하는 마음은 혼자 땅을 치며 웁니다. 주님의 마지막 기도는 홀로하는 탄식이 아니라 아버지를 향한 재회의 기도였습니다.

땅의 언어로 드리는 기도는 "이 잔을 내게서 지나가게 하옵소서"로 먼저 시작합니다. 그러나 하늘을 향한 기도는 "아버지의 원대로 하옵소서"로 기울어갑니다. 우리의 기도는 어떠합니까? 내 필요에 머물겠습니까, 아니면 이웃을 살리는 축복으로 흘러가겠습니까? 주님의 고별기도는 즉흥이 아니었습니다. 평생 십자가를 묵상하며 드린 기도가 마지막 순간 꽃처럼 피어났습니다.

주님은 마지막으로 영원한 생명(ζωὴ αἰώνιος)을 알게 해달라고 기도하셨습니다. 영생은 끝 모를 시간의 연장이 아닙니다. 하나님과 그가 보내신 예수 그리스도를 아는 친밀함, 흘러가지 않고 함께 머무는 사랑입니다. 아우구스티누스는 이렇게 말합니다. "하나님에 관한 지식이 영원한 생명입니다. 그분에 관한 앎이 자라날수록 우리는 하나님을 더욱 영광스럽게 하는 삶에 가까이 갑니다."

또한 주님은 "아버지께서 내게 하라고 주신 일을 이루어 아버지를 영화롭게 하옵소서"라고 기도하셨습니다. 크리소스토무스는 말합니다. "그분의 이름은 이미 하늘에서 천사들의 섬김으로 영광을 받으셨습니다. 그러나 예수께서 아버지가 맡기신 일을 이루시며 인류를 섬기기 위해 땅에 오셨을 때, 그 영광이 온 세상 앞에 더 분명히 드러났습니다." 그러므로 영생은 알아가는 사랑으로 드러나고, 영광은 맡겨진 일을 완수하는 사랑으로 드러납니다.

사순절은 우리에게 묻습니다. 당신이 좇는 영광은 무엇입니까? 덧없이 스러질 신기루입니까, 아니면 아버지와 함께 머무는 영원한 영광입니까? 침묵과 기다림 속에서 우리는 오늘 만나는 이를 마지막 만남처럼 사랑합시다. 오늘의 기도를 마지막 기도처럼 올리며, 삶 전체로 아버지를 영화롭게 합시다.

PRAYER 주님, 제 기도가 땅의 간구를 넘어 하늘의 고백이 되게 하소서. 두려움이 아니라 아버지를 향한 재회의 기도로 마무리하게 하소서. 오늘 만나는 이를 마지막처럼 사랑하게 하시고, 제 삶의 끝에서 아버지의 영광에 참여하게 하소서. 예수님의 이름으로 기도합니다. 아멘.

하나님이 내게 주신 사람들을 위해서입니다

내가 그들을 위하여 비옵나니 내가 비옵는 것은 세상을 위함이 아니요 내게 주신 자들을 위함이니이다 그들은 아버지의 것이로소이다 • 요한복음 17:9

우리는 드라마를 보며 배우가 자기 말을 하고 온전한 감정을 쏟아낸다고 착각하곤 합니다. 그러나 배우는 작가가 쓴 대사를 감독의 지휘 아래 따르며, 자신의 몸과 목소리와 해석을 보태어 그 말을 살아나게 할 뿐입니다. 대본의 큰 줄기를 결정하는 이는 배우가 아니라 대개 작가입니다. 어쩌면 우리도 그저 자신의 몸과 목소리로 연기하는 배우일 뿐, 이야기를 쓰는 작가는 아닐 것입니다. 부모와 성장 환경, 친구와 배우자를 만나게 된 인연까지… 내 의지로만 결정했다고 말할 수 있는 일은 사실 그리 많지 않습니다. 인생의 대본을 쓰시고 엮어가시는 분은 궁극적으로 하나님이십니다. 그러므로 내 곁의 사람들은 '내가 선택한 이들'이기 전에 하나님께서 '내게 주신 사람들'(ὧν δέδωκάς μοι, 혼 데도카스 모이)입니다.

예수님 역시 '내게 주신 사람들'을 위해 기도하셨습니다. 먼저 주님은 그들에게 아버지의 이름을 나타내셨습니다. 요셉이 꿈을 말하며 자신도 모르게 중심에 서려 했던 것처럼 우리도 자주 '내 이름'을 앞세우려 합니다. 그러나 인생의 참된 중심은 내가 아니라 하나님이십니다. 하나님의 이름이야말로 상처 난 인격을 싸매고, 휘어진 삶의 길을 다시 곧게 세웁니다.

아우구스티누스에 따르면, 성부와 성자는 나뉘어 일하시는 분들이 아니라 한 뜻으로 우리 앞에 계십니다. '아버지의 것'과 '아들의 것'은 심장과 숨결처럼 갈라질 수 없습니다. 그러니 우리가 '아버지의 것'을 들을 때 이미 '아들의 것' 안에 품긴 셈입니다.

주님은 아버지께 받은 말씀을 제자들에게 전하셨습니다. 사람의 말은 불처럼 그슬리지만, 하나님의 말씀은 오래 준비된 편지처럼 영혼을 살립니다. 요셉이 상처 주는 말을 되갚지 않고 "나를 보낸 이는 하나님이시라" 고백할 수 있었던 것도 하나님께 받은 말씀을 끝까지 붙들었기 때문입니다. 주님은 그들을 위하여 기도하셨습니다. 나를 중심에 두고 살면 기도는 결국 나에서 끝납니다. 그러나 하나님의 드라마를 따라 사는 이는 '내게 주신 사람들'을 위해 중보합니다. 아타나시우스는 말합니다. "그리스도께서는 나약하지 않으면서도 자기에게 주신 사람들의 나약함을 취하시고, 배고프지 않으면서도 그들의 배고픔을 취하십니다. …그들의 것을 취하시고 당신께서 받으신 것을 주시며, 그들을 위해 비우셨기 때문입니다." 교회는 바로 그리스도의 이 비움에 기대어 '내게 주신 사람들'을 위해 함께 중보하는 공동체입니다.

사순절은 내 인생의 드라마에서 내가 작가가 아님을 배우는 시간입니다. 만난 이들이 우연이 아니라 하나님이 내게 맡기신 사람들임을 기억할 때, 우리는 누구도 도구로 대하지 않습니다. 나를 도운 이들뿐 아니라 나를 아프게 한 이들까지도 주님 앞에서 '내게 주신' 사람으로 다시 보게 됩니다. 그래서 우리는 그들을 위해 무릎 꿇고 중보합니다. 이것이 제자의 길입니다.

PRAYER 주님, 제 곁의 이들이 주께서 맡기신 사람들임을 깨닫게 하소서. 그들을 위해 무릎 꿇는 중보자로 살게 하시고, 사랑이 마를 때에도 '내게 주신 사람들'을 끝까지 품게 하소서. 예수님의 이름으로 기도합니다. 아멘.

노래에 살고 사랑에 살고

성경 속의 시편은 원래 선율이 있는 찬송가입니다. 이전에는 수금과 비파 등에 맞추어 노래하거나 낭송했을 터인데 전해지는 악보가 없다 보니 정확한 실체를 모르는 것이 안타깝기만 합니다. 시편 외에도 성경 곳곳에는 찬송가가 여러 편 기록되어 있습니다. 대표적으로 구약에서는 출애굽을 한 이스라엘 백성이 홍해를 건넌 후 여호와를 찬송하는 〈홍해의 찬가〉(출 15:1-18)가 있습니다. 신약에서는 수태고지를 받은 마리아가 부르는 '마니피카트'(Magnificat), 즉 〈마리아의 찬가〉(눅 1:46-55)도 있습니다.

이러한 곡들을 가리켜 '캔티클'(Canticle)이라고 합니다. 그러니까 '캔티클'이란 시편을 제외한 성경에 나오는 노래를 통칭하는 겁니다. 여기서 흥미로운 사실이 있습니다. 성경 속 찬송가가 아님에도 캔티클로 분류되는 곡이 있다는 겁니다. 4세기 후반, 성 암브로시우스(St. Ambrosius)가 쓴 〈테 데움〉(Te Deum)입니다. 비록 성경 구절을 그대로 인용하지는 않지만 신앙의 의미를 충실히 포함하고 있기 때문입니다. 이후 많은 작곡가가 '테 데움'을 만들었고, 이 작품들은 교회의 축일뿐 아니라 국가적인 축하 행사에서도 자주 연주되고 있습니다.

이탈리아의 오페라 작곡가 자코모 푸치니(G. Puccini 1858-1924)도 〈테 데움〉을 썼습니다. 그런데 독자적인 곡이 아니라 오페라 〈토스카〉 중에 삽입되어 있다는 점이 독특합니다. 주인공 토스카는 오페라 가수입니다. 그녀의 연인은 화가인데 교회의 의뢰를 받아 막달라 마리아 초상을 그리던 중 독립운동가인 친구를 돕다가 그만 사악한 경찰서장에게 붙잡히고 맙니다. 평소 토스카를 짝사랑하던 서장은 화가의 신변 안전을 빌미로 그녀에게 "나를 사랑하라."라며 강제하는 협박의 노래를 부릅니다. 이때 한쪽에서는 교회합창단이 〈테 데움〉을 연습합니다. 삐뚤어진 인간의 사랑을 노래하는 경찰서장과 하나님의 사랑을 노래하는 성가대가 극적인 대비를 이룹니다. 이후 오페라는 비극적인 사랑으로 끝을 맺습니다.

이제 며칠 지나면 부활절입니다. 그 아침에 나도 노래를 부르고 싶습니다. 사람을 향한 노래가 아니라 주님께 올려드리는 순도 높은 사랑의 노래를 말입니다. 비록 음악적이진 않더라도 흥얼흥얼 나만의 선율을 만들어 미리 연습해놔야겠습니다.

테 데움 라우다무스(Te Deum Laudamus),

내 주 되신 하나님을 찬양합니다.

유튜브에서 듣기
오페라 〈토스카〉 중 〈테 데움〉
https://bit.ly/45jTZ8M

기드론 마른 시내 건너편으로

예수께서 이 말씀을 하시고 제자들과 함께 기드론 시내 건너편으로 나가시니 그 곳에 동산이 있는데 제자들과 함께 들어가시니라 • 요한복음 18:1

시편 23편은 '푸른 초장의 쉴 만한 물가'와 '사망의 음침한 골짜기'를 나란히 세웁니다. 우리는 본능적으로 양지를 택하고 음지를 피하려 합니다. 그러나 둘은 정말 다른 길일까요?

주님은 제자들과 '기드론 시내 건너편으로' 가셨습니다. 요한은 '겟세마네'보다 먼저 그 골짜기의 이름을 적습니다. 기드론은 평소엔 메마른 골짜기요, 비가 오면 급류가 되어 폐허와 잔해가 모이는 음산한 곳이었습니다. 다윗은 압살롬에게 쫓겨 예루살렘을 떠나 기드론을 건넜고, 맨발로 울며 올라갔습니다. 그러나 그는 고백합니다. 사망의 음침한 골짜기라도 목자 되신 하나님이 함께하시면, 그곳은 은혜의 자리라고요.

우리에게도 기드론이 있습니다. 실패와 상실, 병상과 좌절 속에서 숨죽여 걷는 골짜기(φάραγξ, 파랑크스)입니다. 그곳에서는 하나님마저 침묵하시는 듯 보입니다. 그러나 그 침묵은 방치가 아니라 준비입니다. 겉은 메말라 보여도 물밑에서는 새 강이 흐르기 시작합니다. 마침내 그늘은 햇볕으로 옮겨가고, 음지는 양지로 바뀝니다. 은혜의 역설이 바로 그 한가운데 숨겨져 있기 때문입니다.

이 역설을 떠올리게 하는 삶이 있습니다. 젊은 날 결핵과 척추카리에스로 13년을 병상에 묶여 지낸 미우라 아야코(三浦綾子)입니다. 그러나 그 시간, 그녀는 환자들과 나눈 교제와 깊어진 고독을 통과하며 하나님을 향한 갈망을 마음 깊이 새겨넣었습니다. 병이 호전된 뒤 마흔을 넘겨 『빙점』(氷点)으로 등단했고, 널리 읽히는 기독교 작가가 되었습니다. 사람의 눈에는 메마른 골짜기였던 병상이, 하나님의 손에서는 인류를 위로하는 천국의 펜으로 빚어지던 자리였습니다. 그녀의 기드론은 누군가의 물가가 되었습니다.

유월절 밤, 주님은 수많은 어린 양의 피가 스민 기드론을 건너셨습니다. 사망의 골짜기를 홀로 밟으시고 우리를 생명의 물가로 이끄시는 길이었습니다. 죽음의 자리로 보이던 그 계곡은, 주님의 보혈이 스민 순간 은혜의 강으로 변했습니다. 그리고 그 강은 새 성전에서 흘러나오는 생명의 물이 되어 마침내 우리를 살립니다. 크리소스토무스는 말합니다. "죽음은 무섭고 끔찍한 곳입니다. 그러나 높은 곳의 참 지혜를 깨달은 이들에게는 다릅니다. 이들은 죽음을 다른 곳으로 가는 출발점으로 생각할 따름입니다. 그리스도께서 강제로나 할 수 없이 이끌려서가 아니라 기꺼이 수난으로 향하시며 우리에게 가르치시는 것이 바로 이것입니다."

우리가 외면하고 싶은 음지의 시간, 그 차가운 골짜기조차 하나님께는 감추어두신 은총의 양지일 수 있습니다. 침묵과 고독 속에서 우리는 버려진 듯 보이기도 하지만, 바로 그때 하나님은 우리를 다듬고 빚으십니다. 사순절의 길은 양지에서 음지로, 다시 음지를 넘어 양지로 이어지는 주님의 길을 따르는 순례입니다.

PRAYER 주님, 내 인생의 기드론에서도 주님의 임재를 믿습니다. 침묵 속에서도 일하시는 주님을 신뢰하며 고독 속에 숨겨진 주님의 은혜의 강을 보게 하소서. 예수님의 이름으로 기도합니다. 아멘.

또 다른 제자 한 사람

시몬 베드로와 또 다른 제자 한 사람이 예수를 따르니 이 제자는 대제사장과 아는 사람이라 예수와 함께 대제사장의 집 뜰에 들어가고 • 요한복음 18:15

사람이 겪는 가장 깊은 고통은 사랑하는 이에게서 버림받는 고통이라고 합니다. 베드로가 연거푸 세 번 "나는 아니오."(οὐκ εἰμί)라고 부인했을 때, 그에게 남은 굴욕과 상처는 십자가의 못자국과 창에 찔린 자국을 떠올리는 우리의 마음마저 깊이 찌릅니다. 크리소스토무스는 말합니다. "베드로가 여기서 경험한 굴욕은 나중에 그가 죄지은 이들을 대할 때 겸손할 수 있도록 해주었습니다."

부활 후 주님은 디베랴 바닷가에서 그를 다시 찾아 세 번 물으셨습니다. "네가 나를 사랑하느냐?" 세 번의 부인만큼이나, 세 번의 사랑 고백을 일으켜 세우시는 은혜의 물으심이었습니다. 암브로시우스는 이 장면을 이렇게 풀이합니다. "양 떼를 돌보도록 직접 선택받은 이는 베드로입니다. 그는 같은 질문을 세 번 듣는 은혜를 입었습니다. 믿음의 양식으로 양 떼를 돌봄으로써 과거의 죄를 씻었습니다. 십자가 앞에서 세 번 부인한 그에게 주님은 세 번 사랑을 고백하게 하셨습니다."

주님은 상처의 자리를 사명의 자리로 바꾸시며 세 번의 부인을 세 번의 사랑으로 되돌리십니다. 그런데 이 회복의 서사 곁에는 다른 어둠이 있습니다. 그 밤, 뜰 안에는 베드로만 있지 않았습니다. 요한복음은 '또 다른 제자 한 사람'이 그 자리에 있었다고 기록합니다. 그는 누구였을까요? 교회의 전통은 그를 사도 요한 자신으로 봅니다. 대제사장 집안과 안면이 있었던 그는 베드로를 안으로 들여보낼 수 있었을 것입니다. 더 묘한 것은, 평소 자신을 '사랑받는 제자'로 기꺼이 기록하던 그가 이 순간만은 '또 다른 제자'라는 이름 뒤로 물러섰다는 점입니다.

그 까닭은 무엇이었을까요? 어쩌면 그도 마음속에서는 주님을 부인하고 있었는지 모릅니다. 베드로가 공개적으로 "나는 아니오."라고 말하던 그때, 요한은 뜰 어딘가에서 고개를 떨군 채 침묵하고 있었을지 모릅니다. 입술로는 부인하지 않았어도, 마음은 이미 주님을 거슬러 서 있었습니다. 그러니 그는 자신을 '사랑받는 제자'라 부르지 못하고, '또 다른 제자 한 사람'이라는 이름 뒤로 두었겠지요. 그 침묵은 돌처럼 가슴에 눌러앉았지만, 은혜는 종종 돌 아래에서 먼저 싹틉니다.

내 안에도 이 두 얼굴이 있지는 않습니까? 때로는 베드로처럼 드러내놓고 넘어지고, 때로는 요한처럼 아무도 모르게 외면합니다. 입술로는 부인하지 않았어도 마음으로는 수없이 "나는 아니오."를 되풀이합니다. 우리도 결국 '또 다른 제자 한 사람' 아닐지요.

사순절은 그 자리에서 나를 직면하는 시간입니다. "나는 아니오."라고 말한 나를 덮으신 주님의 사랑을 기억합니다. 은총의 빛이 나를 그늘에서 양지로 옮기실 것을 믿고 기다립니다.

PRAYER 주님, 수없이 당신을 모른다고 한 저입니다. 그럼에도 제 이름을 덮어주시고 저를 '또 다른 제자 한 사람'으로 품어주신 은혜에 감사드립니다. 제 은밀한 외면을 고백하오니 씨앗이 어둠에서 자라듯 제 삶을 새로이 자라나게 하소서. 예수님의 이름으로 기도합니다. 아멘.

세 개의 숯불

문 지키는 여종이 베드로에게 말하되 너도 이 사람의 제자 중 하나가 아니냐 하니 그가 말하되 나는 아니라 하고 그 때가 추운 고로 종과 아랫사람들이 불을 피우고 서서 쬐니 베드로도 함께 서서 쬐더라 • 요한복음 18:17-18

우리는 가끔 오래된 앨범을 펼치곤 합니다. 해맑게 웃던 소년의 얼굴, 친구와 어깨동무한 모습, 다소 긴장한 결혼사진을 한 장씩 넘깁니다. 그러다 문득 거울 속 내가 어쩐지 낯섭니다. 사진 속 나와 지금의 내가 같은 존재인가 묻게 됩니다. 시간은 우리를 깎고, 때로는 부서뜨린 듯 흩어놓습니다. 과거는 어느덧 멀어지고, 남은 것은 서글픈 아쉬움뿐입니다.

그러다 어느 날 한 장면이나 소리, 혹은 냄새가 깊은 기억의 문을 엽니다. 마르셀 프루스트의 『잃어버린 시간을 찾아서』에 나오는 마들렌처럼, 잊었다고 믿었던 과거가 불쑥 되살아납니다. 사랑도, 아픔도, 수치도 여전히 내 안에 웅크리고 있었음을 깨닫게 됩니다. 베드로에게도 그런 마들렌이 있었습니다. 새벽의 닭 울음—그 소리는 그가 예수님을 세 번 부인한 치욕을 새벽마다 되살리는 '기억의 과자'였습니다. 마음 한복판에서 울려퍼지는 소리였습니다.

베드로에게 '숯불'(ἀνθρακιά)은 낯선 것이 아닙니다. 대제사장 뜰에서 "나는 아니오."를 토해내던 그 밤, 그의 기억을 소환하는 바로 그 불—따뜻했으나 치욕의 표식이던 불이었습니다. 우리도 다르지 않습니다. 세상의 숯불 앞에 서서 잠깐의 온기를 얻으려 하지만, 그 불은 우리의 날들을 장작처럼 먹어치우며 타오르다 끝내 사그라집니다. 남는 것은 순간의 열기와 길게 드리운 후회뿐입니다. 대(大) 그레고리우스의 말처럼 그 숯불은 "베드로의 가슴에서 사랑의 불이 꺼졌고, 그는 박해자들의 숯불로 자신을 데우고 있었다."는 사실을 드러냅니다. 현세의 온기로 나약함을 덧대려 한 불이었습니다.

그런데 디베랴 바닷가에서도 똑같이 숯불이 등장하지만, 세계는 달라집니다. 주님이 피우신 불 위에는 빵과 생선이 있고, 따스한 환대가 있습니다. "와서 아침을 먹으라." 같은 단어, 다른 세계입니다. 한 숯불은 외면의 기억을 달구는 불이었고, 다른 숯불은 사랑을 다시 지피는 불이었습니다. 전자는 잠깐의 안위를 데우다 식어버리는 불, 후자는 꺼지지 않는 은총을 나누는 불입니다. 그 앞에서 베드로는 세 번의 부인을 세 번의 사랑으로 되돌려놓습니다. 아우구스티누스의 말처럼, 이 장면을 신비로 풀이하면 숯불에 구운 생선은 고통받으신 주님을 가리킵니다. 그래서 이제 그 숯불은 배신의 자리가 아니라 용서와 회복의 자리입니다. 그 자리에서 주님은 다시 물으시고, 베드로는 다시 사랑을 고백합니다.

우리도 각자의 안트라키아(ἀνθρακιά), 곧 숯불 앞에 서 있습니다. 주님은 오늘 우리 삶의 자리에서 세 번째 숯불, 곧 용납의 숯불을 피워주십니다. 실패의 기억을 덮으시고, 끊어진 시간과 사랑을 다시 이어주십니다. 주님의 모닥불에서 우리는 다시 일어나 사랑을 새롭게 고백하고, 주님께 붙잡혀 얼마든지 새롭게 시작할 수 있습니다.

PRAYER 주님, 제 지난날은 숯불 앞에서 당신을 외면한 흔적으로 가득합니다. 그럼에도 제 곁에 세 번째 숯불, 용납의 숯불을 피워주시니 감사합니다. 수치의 기억을 은총의 기억으로 바꾸시고, 이제는 주님 앞에서 "주님, 사랑합니다." 고백하게 하소서. 예수님의 이름으로 기도합니다. 아멘.

그리고 재판석에 앉았다

이러하므로 빌라도가 예수를 놓으려고 힘썼으나 유대인들이 소리 질러 이르되 이 사람을 놓으면 가이사의 충신이 아니니이다 무릇 자기를 왕이라 하는 자는 가이사를 반역하는 것이니이다 빌라도가 이 말을 듣고 예수를 끌고 나가서 돌을 깐 뜰(히브리 말로 가바다)에 있는 재판석에 앉아 있더라 • 요한복음 19:12-13

빌라도는 로마제국의 변방에서 떠오른 인물이었습니다. 후대의 전승은 그가 황제 가문과의 혼인으로 단숨에 신분의 사다리에 올랐고, 마침내 팔레스타인의 총독 자리에까지 이르렀다고 덧붙입니다. 그러나 출세가도가 화려했을지라도 그의 내면은 자유롭지 못했습니다. 늘 황제의 눈치를 보아야 했고, 작은 실수 하나도 치명적일 수 있었습니다. 높아진 지위만큼 그의 마음은 더 깊이 갇혔습니다.

요한은 빌라도의 재판을 절묘하게 배치합니다. 밖에는 부정해질까 봐 두려워 선 자들이 있고, 안에는 예수님이 서 계십니다. 그 사이에서 빌라도는 들락날락하며 양쪽의 시선을 저울질합니다. 황금빛 제복을 입었지만, 그는 흔들리는 그림자였습니다. 그는 무죄를 알았습니다. "나는 그에게서 아무 죄도 찾지 못하노라." 아내의 꿈이 그의 마음을 붙잡고, 예수님의 품격이 그의 눈을 사로잡았지만 끝내 총독의 자리가 그의 발목을 붙잡았습니다.

그는 '재판석에 앉았다'(ἐκάθισεν)는 한 마디 뒤편으로 빌라도의 처지를 감추어둡니다. 겉으로는 스스로 앉은 것 같지만, 실제로는 두려움과 형편에 떠밀려 그 자리에 붙들린 사람이었습니다. 광장의 함성, 뜰 안에 서 계신 예수님, 그 사이를 분주히 오가던 빌라도의 발걸음은 안과 밖 사이를 떠도는 영혼의 방황과도 같았습니다. 그는 진리를 눈앞에 두고도 "진리가 무엇이냐?" 묻고서 대답을 기다리지 않았습니다. 미루는 그 순간, 그는 이미 자기 자리를 선택한 것이었습니다.

이 지점에서 아우구스티누스는 단언합니다. "예수님을 넘긴 자들의 죄가 더 크지만, 빌라도에게도 예수님의 죽음에 공모한 죄가 없지 않습니다." 크리소스토무스의 칼날도 예리합니다. "빌라도는 더 깊이 조사해야 했지만, 황제의 원수가 되기보다 전능하신 분의 원수가 되는 길을 택했습니다."

사순절은 우리 각자의 프라이토리온(πραιτώριον, 총독 관저, 곧 재판이 열리던 뜰)을 비춥니다. 신앙과 체면, 진리와 이익, 양심과 자리를 오가며 우리는 '결정하지 않기로' 결정하고 있지 않습니까? 손을 씻어 무죄를 가장하고 싶지만, 그 물은 피를 지우지 못하고 회피의 흔적만 남깁니다. 사순절은 손을 씻는 계절이 아니라 손을 내미는 계절입니다. 십자가를 붙드는 손, 주님께 다시 붙잡히는 손의 계절입니다.

PRAYER 주님, 빌라도는 자기 자리를 붙들었으나 흙먼지 속에 묻히고 남은 것은 사도신경 속에 기록된 이름—주님을 고난에 넘긴 자의 이름뿐입니다. 그러나 주님, 당신은 영광의 자리를 버리고 십자가의 치욕을 지셨고, 침묵과 실패와 굴욕 한가운데에서 은총의 문을 여셨습니다. 빌라도의 흔들림이 제 안의 회피를 비추는 거울임을 고백합니다. 오늘 주님을 택하게 하시고, 그 선택으로 내일의 저를 빚어 주소서. 예수님의 이름으로 기도합니다. 아멘.

주님의 옷자락

군인들이 예수를 십자가에 못 박고 그의 옷을 취하여 네 깃에 나눠 각각 한 깃씩 얻고 속옷도 취하니 이 속옷은 호지 아니하고 위에서부터 통으로 짠 것이라 군인들이 서로 말하되 이것을 찢지 말고 누가 얻나 제비 뽑자 하니 이는 성경에 그들이 내 옷을 나누고 내 옷을 제비 뽑나이다 한 것을 응하게 하려 함이러라

• 요한복음 19:23-24

열두 해 동안 혈루증을 앓던 여인이 무리 사이를 헤치고 들어가 주님의 옷자락을 살짝 스쳤습니다. "그 옷에만 손을 대어도 낫겠다." 그녀에게 옷은 단순한 천이 아니었습니다. 감히 다가설 수 없는 거룩과 자신을 잇는 마지막 끈, 하늘로 뻗은 한 올의 사다리였습니다. 마치 부스러기에도 은총을 담아 내리시는 하나님처럼 주님은 옷자락을 통해서도 생명을 흘려보내십니다. 스침 하나는 기적이 되고, 옷자락 한 올은 전부를 건지는 통로가 됩니다. 그 옷자락은 그녀가 절망 끝에서 열어젖힌 문이었습니다.

그러나 오늘, 십자가 아래에서 그 옷은 전혀 다른 손에 쥐어집니다. 로마 군병들은 겉옷(τὰ ἱμάτια)을 나누어갖고, 위에서부터 통으로 짠 속옷은 찢지 않으려고 제비를 뽑습니다. 그러나 옷을 차지한 그들이 생명을 얻은 것은 아닙니다. 같은 옷이었으되 한 여인은 구원을 입었고, 군병들은 허무만 움켜쥐었습니다. 우리도 그럴 때가 있습니다. 기적의 가장자리를 스칠 뿐, 기적의 주인을 지나칠 때가 있습니다.

그럼에도 하나님은 인간의 허영과 무지마저 섭리 안에 엮으십

니다. 에프렘의 말처럼 예수님의 옷이 네 몫으로 나뉜 것은 복음이 세상의 네 모퉁이로 퍼져감을 가리킵니다. 군병들은 전리품을 나눴을 뿐이지만, 하나님은 그 장면마저 복음이 사방으로 퍼져가는 표징으로 바꾸십니다.

사순절의 끝자락에서 우리는 또 한 벌의 옷, 무덤에서 주님의 몸을 감싸던 세마포를 기억합니다. 십자가 아래에서 군병들이 제비를 뽑아 나눠가졌던 그 옷은, 사람들이 붙들고 다투는 세상의 영광이 얼마나 쉽게 손에서 손으로 흘러가 사라지는지를 드러냅니다. 벗기심을 당하신 뒤 세마포에 감싸이신 주님의 모습은 조용히 우리를 부르십니다. '옛사람을 벗어 버리라.'(골 3:9) '오직 주 예수 그리스도로 옷 입으라.'(롬 13:14)

성금요일은 우리에게 묻습니다. "무엇을 붙들겠는가? 옷인가, 옷 입으신 분인가?" 사람들은 '부드러운 옷을 입고 화려한 옷을 걸치며 왕궁에서 사치하게 지내는 자들'(눅 7:25)을 붙들지만, 십자가는 우리를 부끄러움의 끝자락까지 데려갑니다. 바로 그 자리에서 주님은 우리에게 의의 겉옷을 입히십니다.(사 61:10) 버려진 천 같던 세마포가 영광의 표징이 되었듯 우리의 상처와 허물도 그분의 은총 안에서 새로워져 빛날 수 있습니다. 오늘도 우리는 옷이 아니라 주님을 붙듭니다. 제비 뽑는 손이 아니라 못 자국 난 손을 붙들고, 전리품이 아닌 자기 비움의 길을 바라봅니다. '그가 가난하게 되심으로 우리가 부요하게'(고후 8:9) 된 이 신비 앞에 머리 숙입니다.

PRAYER 주님, 표징을 붙들다 정작 주님을 놓친 적이 자주 있었음을 고백합니다. 십자가에서 벗기심을 당하신 주님께서 오늘 우리에게 새 옷을 입혀주심에 감사드립니다. 예수님의 이름으로 기도합니다. 아멘.

거기에 예수님을 모셨다

예수께서 십자가에 못 박히신 곳에 동산이 있고 동산 안에 아직 사람을 장사한 일이 없는 새 무덤이 있는지라 이 날은 유대인의 준비일이요 또 무덤이 가까운 고로 예수를 거기 두니라
• 요한복음 19:41-42

성금요일의 어둠은 가라앉고, 부활의 환호는 아직 들리지 않습니다. 오늘은 무덤 앞의 침묵이 세상을 덮는 성토요일입니다. 겉은 고요하지만, 보이지 않는 깊은 곳에서는 모든 것이 전복되고 있습니다. 그래서 복음서는 안식일을 앞둔 날을 곧 '준비일'(παρασκευή)이라 불렀습니다. 준비일이 지나 안식일의 침묵이 와도, 새 창조를 향한 하나님의 준비가 동산의 무덤 속에서 이미 시작되고 있기 때문입니다.

여인들은 향품을 준비하고, 멈춰 서는 법을 배웠습니다. 막달라 마리아도 당장 달려가고 싶은 마음을 접고, 계명에 순종해 기다림을 선택했습니다. 사랑은 돌진만이 아니라 멈춤을 견디는 인내입니다. 우리 또한 배웁니다. 움켜쥔 손을 펴고, 말보다 침묵으로 사랑하며, 그 고요 속에서 하나님이 일하심을 신뢰하는 마음을.

무덤은 인봉되었고 돌은 굳게 막혔으나, 막힌 것은 길이 아니라 시간입니다. 밀알이 흙 속에서 썩는 동안 땅 위는 고요합니다. 그러나 아래에서는 새 생명의 압력이 차오릅니다. 성토요일은 '아무 일 없음'의 날이 아니라, 하나님이 보이지 않게 일하시는 날입니다. 창조의 첫 주간에 하나님이 일하시고 안식하셨듯, 구속의 한 주간에도 아들은 "다 이루었다" 하시고 무덤의 안식으로 들어가셨습니다.

창조의 안식이 기원을 열었다면, 구속의 안식은 새 창조를 엽니다. 그러니 오리게네스가 말하듯, 죄를 놓지 못한다면 주님의 새 무덤에 함께 묻힐 수 없습니다. 무덤의 고요에 동참한다는 것은 죄에 대하여 실제로 죽고, 그분의 안식과 함께 묻히는 일입니다. 그러므로 오늘 우리는 잃어버린 것을 붙들려는 조급함을 내려놓습니다. "조금 있으면… 또 조금 있으면"(요 16:19–20)을 가슴에 품고, 그 '조금'을 믿음으로 견디는 시간–그 시간이 성토요일입니다. 믿음은 보이지 않는 밤을 통과하며 자라납니다. 뿌리가 밤에 더 깊어지듯이.

마리아는 내일 새벽, 자신을 부르시는 주님의 음성을 듣게 되겠지만 지금은 그것을 알지 못합니다. 그저 마지막으로 향품이라도 발라 드리려는 마음으로, 슬픔을 안고 기다립니다. 오늘 그녀가 할 수 있는 최선은 향품을 곁에 두고 안식을 지키는 일이었습니다. 우리도 마찬가지입니다. 확신이 없더라도 말씀을 품고 일상을 성실히 견뎌 갈 때, 그 고요한 충성 속에서 하나님은 이미 새벽을 준비하고 계십니다.

그러니 오늘 섣불리 결론짓지 맙시다. 침묵을 서운함이 아니라 신뢰로 받아들여 봅시다. 성토요일의 침묵은 방치가 아니라 준비입니다. 눈앞의 길이 막힌 동안, 보이지 않는 길이 물밑에서 놓입니다. 우리의 몫은 서두르지 않는 사랑, 버려지지 않는 기다림입니다. 마침내 우리는 알게 됩니다. 무덤의 고요는 끝이 아니라, 새 창조를 잉태하시는 하나님의 안식이었다는 사실을.

PRAYER 주님, 침묵을 서운함이 아니라 신뢰로 받아들이게 하소서. 보이지 않는 가운데에서도 제 믿음이 뿌리처럼 고요히 깊어져 새벽에 제 이름을 부르시는 주님 앞에 기쁨으로 일어서게 하소서. 예수님의 이름으로 기도합니다. 아멘.

가까이 다가가서 그들과 함께 걸어가셨다

두 사람도 길에서 된 일과 예수께서 떡을 떼심으로 자기들에게 알려지신 것을 말하더라 이 말을 할 때에 예수께서 친히 그들 가운데 서서 이르시되 너희에게 평강이 있을지어다 하시니

• 누가복음 24:35-36

엠마오로 향한 발걸음은 저무는 황혼을 따라 흐르는 길이었습니다. 예루살렘에 등을 돌린 채, 기울어지는 해만큼 마음도 가라앉아 가는 그 길을 글로바와 또 다른 제자가 나란히 걸었습니다. 십자가의 죽음은 그들이 붙들던 희망을 한순간에 무너뜨렸습니다. 그들은 말합니다. "우리는 이 사람이 이스라엘을 구속할 자라 바랐노라." 이제 남은 것은 상실과 허무, 그리고 집으로 돌아가는 길 위에 길게 드리운 그림자뿐이었습니다.

그러나 그 길에 둘이 함께 있었다는 사실 자체가 이미 선물이었습니다. 엠마오로 향한 제자가 혼자가 아니어서 다행이었습니다. 절망은 혼자 지면 짐이 되지만, 둘이 나누면 길이 됩니다. 서로의 눈물을 닦아주고 말없이 보폭을 맞추어 걷는 동안, 그 사이에 여백이 생겼고 그 여백으로 주님이 다가오셨습니다. 하나님은 고독의 골방에서도, 함께 걷는 동행의 한가운데에서도 부활의 은혜를 여시는 분입니다.

그러나 그들은 곁에 서 계신 주님을 알아보지 못했습니다. 부활하신 분은 언제나 우리의 예상을 넘어 다른 얼굴로 오시기 때문입니다. 낯선 나그네의 모습으로 다가오신 주님은 잃어버린 이야기를 성경으로 다시 풀어주셨습니다. 구원은 고난을 우회하는 길이

아니라, 고난을 통과하여 완성되는 길임을 밝혀주셨지요. 들을수록 가슴은 뜨거워졌습니다. 그러나 그들의 눈은 아직 열리지 않았습니다.

눈이 열린 순간은 식탁이었습니다. 떡을 들어 축사하시고 떼어주시는 그 손길에서, 오병이어의 기적과 마지막 만찬의 기억이 겹쳐 떠올랐습니다. 그제야 그들은 속삭입니다. "주님이시다." 부활은 이처럼 말씀과 떡, 곧 우리의 평범한 식탁 한가운데에서 평강(εἰρήνη)의 빛을 드러냅니다. 그 순간 주님은 눈앞에서 사라지셨지만, 그들의 가슴은 식지 않았습니다. 절망의 길이 곧바로 소망의 길로 뒤집혔고, 엠마오로 내려가던 발걸음은 예루살렘을 향해 되돌아 올라갔습니다. 물러섬이 도리어 앞으로 나아갈 힘이 되었고, 퇴색한 하루는 새벽을 품은 날로 바뀌었습니다. 하나님은 '뒤집어 새롭게 하시는' 분입니다. 십자가와 부활, 죽음과 생명, 어둠과 새벽이 맞물려 꺼져가던 심령을 다시 일으켜 세우십니다.

부활은 사적인 전율이 아니라 함께 걷는 신비입니다. '내게 주신 사람들'과 더불어 걸을 때 우리는 주님을 더 또렷이 보게 됩니다. 엠마오의 두 제자가 함께였기에 주님을 알아보았듯이, 우리 곁의 이들은 부활을 증언하도록 우리에게 맡겨진 선물입니다. 그래서 동행하는 길은 더 이상 황혼으로 저무는 길이 아닙니다. 부활의 새벽을 향해 밝아지는 길이 됩니다. 오늘 우리도 주님이 맡기신 사람들과 나란히 걸으며, 그 새벽을 향해 담대히 나아갑시다.

PRAYER 부활하신 주님, 엠마오 길에 둘이 함께 있었던 것처럼 제 곁에도 주님이 맡기신 이들이 있음에 감사합니다. 말씀과 떡으로 제 눈을 여시고, 홀로가 아니라 함께, 절망이 아니라 소망으로 이 길을 걷게 하소서. 오늘도 부활의 주님을 굳게 붙들게 하소서. 예수님의 이름으로 기도합니다. 아멘.

집필진

송용원 연세대학교 불어불문학과(B.A), 장로회신학대학교 신학대학원(M.Div.)을 졸업하고, 미국 예일대학교(S.T.M), 영국 에든버러대학교(Ph.D.)에서 조직신학을 공부했다. 온누리교회, 뉴저지초대교회, 새문안교회에서 대학생·청년 사역을 섬겼으며, 보스톤온누리교회, 뉴욕 맨해튼 뉴프론티어교회, 은혜와선물교회를 개척해 목회했다. 현재 장로회신학대학교 조직신학 교수이자 국민일보 칼럼니스트로 섬기고 있다. 지은 책으로 『칼뱅과 공동선』(국민일보 올해의 책), 『하나님의 공동선』(세종도서), 『사이에서』, 『성경과 공동선』, 『신앙의 자리』 등이 있다.

조은영 (사)한국YWCA연합회 회장

김경민 한국YMCA전국연맹 사무총장

나이영 기독교방송(CBS) 사장

이 준 작곡가, 지휘자

2026 사순절 묵상집

내게 주신 사람들

2026년 1월 15일 초판 1쇄

엮은이 (사)한국YWCA연합회·한국YMCA전국연맹·기독교방송·대한기독교서회
펴낸곳 대한기독교서회

등록 1967년 8월 26일 제1967-000002호
주소 05398 서울시 강동구 성내로 16(성내동)
전화 출판국 02-553-0873~4, 영업국 02-553-3343
팩스 출판국 02-3453-1639, 영업국 02-555-7721
https://www.clsk.org   e-mail editor@clsk.org
facebook.com/clskbooks   instargram.com/clsk1890

책번호 2409   ISBN 978-89-511-2192-0 03230

The Christian Literature Society of Korea, Seoul
Printed in Korea

* 책값은 뒤표지에 있습니다.